NUNCA TE RINDAS

JORGE CANTERO

Nunca te Rindas

Cómo superar las crisis cuando sucede lo impensable

URANO
Argentina – Chile – Colombia – España
Estados Unidos – México – Perú – Uruguay

1.ª edición: enero 2022

Copyright © 2021 Jorge Cantero
All Rights Reserved
© 2022 *by* Ediciones Urano, S.A.U.
Plaza de los Reyes Magos, 8, piso 1.º C y D – 28007 Madrid
www.edicionesurano.com

ISBN: 978-84-17694-44-9
E-ISBN: 978-84-18480-73-7
Depósito legal: B-18.256-2021

Fotocomposición: Ediciones Urano, S.A.U.

Impreso por: Rodesa, S.A. – Polígono Industrial San Miguel
Parcelas E7-E8 – 31132 Villatuerta (Navarra)

Impreso en España – *Printed in Spain*

Este libro es para Mariela, como siempre.
Nunca dejará de sorprenderme
cómo logras descubrir aquello
que nadie más puede ver

Y para Leonardo y Alejandro.
Campeones, guerreros,
sobrinos.
El futuro se pavimenta con el paso de hombres
como ustedes.

Agradecimientos

Si algo me ha demostrado este tiempo y esta crisis global, es que somos fuertes juntos, en los vínculos que construimos. Que la esperanza no está en el futuro, sino en el presente. Que la gratitud es el primer paso para sanar, para romper el individualismo radical, y para hacernos cambiar entre todos.

Estas son todas las personas a las que les estoy profundamente agradecido. Este libro tiene tanto de ustedes como lo tiene de mi mente y mi espíritu.

Marisa Escribano, que es lo más cercano a una maestra de vida que haya tenido en estos últimos años. Con su ejemplo y amistad he crecido como psicólogo, escritor y persona. Además, por si faltaba algo, ha escrito un prólogo fantástico para este libro que, como bromeamos entre nosotros, me deja la «vara muy alta». Estoy en deuda, querida amiga. Ahora y siempre.

Mis editoras, Marta Sevilla y Larisa Curiel. Sobra decirlo, pero este libro es lo que es porque ellas lo abrazaron y lo tomaron como propio. Un escritor no es nada, realmente, sin aquellos que le dicen qué funciona y qué no, y ellas lo hacen mejor que nadie.

Leonardo S. Galindo, compañero de lecturas, reflexiones, filosofías, música, cine. Colega estoico, siempre un buen ejemplo de que en la vida no hacen falta menos problemas, sino más fortaleza. Me encanta la forma en que amas y la pasión con que vives.

M. Alejandro Galindo, quien genuinamente me cambió la vida con buenos ejemplos, cariño y una motivación férrea, constante, que solo puede dar alguien que nunca, nunca se rinde. Eres la perfecta combinación de bondad y tesón. El tipo de hombre que este mundo necesita.

Ana Gabriela Amador, mi doctora de cabecera, que siempre está ahí para leer, corregir, asesorar y mostrar apoyo. No habría libro que me alcanzase para explicar la admiración que te tengo.

Santos Campa, que parece siempre tener más fe en mis proyectos y mis locuras que yo mismo. ¡Salud viejo!

Blanca Gámez, de quien nada que pueda decir es suficiente. Además de ser una mujer extraordinaria, cuya bondad solo puede ser superada por su tremenda generosidad. El mundo es un lugar mejor gracias a personas como tu.

Israel Elizarraras, quien me ayudó a no perderme entre bits, bytes, megas y gigas. Muchos capítulos o fragmentos de este libro se derivan de nuestras reflexiones y conclusiones. Eres un buen tipo, *bman*; de los mejores. Que no se te olvide nunca.

Rafael Ramírez, quien por un lado revisó y corrigió el capítulo 20 (de mis favoritos, por cierto), y por otro me muestra continuamente por qué vale la pena no rendirse, aunque a veces el cuerpo diga *basta, basta, basta*. «Progreso», respondes cada vez que puedes. Tienes razón.

Daniela Lobato, que siempre encuentra las palabras correctas para hacerme creer que todo esto, cada palabra escrita, cada *live* en Facebook, cada curso impartido, cada empeño continuado, vale la pena. Además de leer el manuscrito original, aportar y corregir. Este libro se ve y se lee mucho mejor gracias a ella.

Jesús Leyva, que como yo, lleva café en las venas, y eso nos vuelve hermanos de sangre. Grandes momentos, experiencias y mejores conversaciones aún. Quién iba a decirme que la sabiduría estaría al fondo de un buen *espresso*, ¿eh Chucho?

Especialmente, quiero agradecer en el alma a cuatro personas. 2020 habría sido imposible sin ustedes.

Doctor Mauricio Solis, gracias por acompañarnos, asistirnos y consolarnos en el momento más difícil de los últimos años, para mi esposa y para mí. Dejar ir a los seres que amas es una experiencia agridulce; te recuerda por qué el amor y la presencia es importante, pero te desgarra el corazón. Sin sus palabras, su compasión evidente y su cariño, los recuerdos no serían tan buenos como lo son. No hay forma de corresponder a su estatura.

Silvia Cantero, mi hermana, mi consejera, mi escucha constante. No hay un día que no te tenga en mente y que no sea consciente de que lo que soy, todo lo que soy, viene de ti. Al menos en lo que a mí concierne, y si acaso existe, tienes un lugar especial ganado en el cielo.

Abraham Santos, mejor amigo, hermano elegido. Compañía leal desde que recuerdo. Lector constante. En cada cosa importante, has estado ahí. Que el futuro nos reserve un vaso frío de Guinness cuando el mundo se acabe.

Lucía Márquez, ¿cuántas veces llega la oportunidad de encontrar a una mejor amiga, y sobre todo tan tarde en la vida? No muchas, así que la fortuna de tenerte es enorme. Hay una idea que guía gran parte de este libro: «Valora el proceso y ama el resultado». Esa idea, esas palabras, tú lo sabes, son tuyas. Gracias por ser la *gran* maestra que eres.

Por último, a aquellos que prestaron sus historias para los ejemplos de algunos capítulos, también les estoy en deuda. Tanto sus nombres como la mayoría de los datos que podrían identificarlos están cambiados, pero ustedes saben perfectamente quiénes son así como la huella que han dejado en mi vida.

ÍNDICE

La Salida del Túnel

Prólogo

Querido lector: estás ante uno de los mejores libros que se han escrito sobre el maravilloso reto de vivir y vivir bien.

Jorge me ha colocado en una situación muy difícil al darme el honor de prologar su libro, porque además de tener un profundo conocimiento en estos temas, y de ser psicoanalista y estudiante perpetuo del comportamiento humano, es un gran escritor que sabe poner en palabras claras todo aquello que va pasando por su mente. Y lo hace de una manera tal que es como si lo escucharas en la mesa de tu casa, tomándose un café contigo.

Así de ameno, así de íntimo y así de vital resulta leer este libro.

«Tú eres el centro del problema y, por lo tanto, también eres la solución», nos dice Jorge en su libro, y ahí está el gran reto.

El ser humano es tan complejo que nos cuesta mucho trabajo darnos cuenta de quiénes somos y lo que hemos hecho o dejado de hacer.

Nos ponemos máscaras para ocultar nuestras verdaderas personalidades, nos da miedo mostrar nuestra cara genuina al mundo y nos vamos acostumbrando a ser los de esas máscaras falsas, tanto, que después ya no sabemos quiénes somos, a dónde vamos ni qué queremos.

Nos sentimos perdidos, sin saber que *nosotros* somos el centro del problema.

La tarea más importante para todos debería ser la del autodescubrimiento, es decir, la de manifestar constantemente quiénes somos. La de darnos cuenta qué pensamos y qué sentimos.

Alguna vez escribí que cuando crees tener todas las respuestas, la vida te cambia las preguntas. Y es cierto, uno no acaba de «hacerse» nunca. No somos un producto terminado. «Somos, siendo» y por eso necesitamos revisarnos constantemente.

Hoy estamos muy lejos de los que fuimos ayer, y en eso también radica la belleza de la vida: en su misterio, en la incertidumbre.

Aprender a vivir más ligeros, para darle espacio a lo que es verdaderamente importante. Aprender a soltar aquello que hoy te pesa y ya no debes seguir cargando.

Así que, te invito a que nos adentremos en estas páginas. En la profundidad de los conceptos y los temas que Jorge expone, para acercarnos cada vez más a una vida que nos dé satisfacción. En donde nos sintamos plenos porque aceptamos el reto de vivir intensamente; en donde aceptamos la responsabilidad de nuestras decisiones y nos damos la oportunidad de cambiar y de crecer.

Al final de cuentas el maravilloso trabajo que ha hecho Cantero con este libro, es para eso, para darnos la mano y ayudarnos a cruzar al otro lado de la desesperanza. Hacia una vida llena de sentido y de oportunidades. Eso que nos gusta llamar «calidad de vida».

Qué bueno que tienes este libro en tus manos. Estoy segura que al ir leyendo, te encontrarás con una manera más linda y más sana de vivir tu vida.

¡Que así sea!

MARISA ESCRIBANO

Intro:

Cuando lo impensable *ocurre*

Empecé a escribir este libro en 2019, a casi un año y medio después de publicar *Felicidad aquí y ahora*. Después de un libro que plantea la forma de ser feliz en un mundo agreste e imperfecto mediante la psicología, la filosofía y la espiritualidad, continuar el camino enfocándome en las crisis y sus derivados, pero sobre todo en la manera de adquirir herramientas para salir adelante y recuperar la estabilidad emocional, me parecía el camino correcto a seguir.

Qué lejos estaba de saber lo que nos deparaba el futuro cercano. Un futuro, que por ahora, es nuestro presente: un periodo de duración indefinida, en el que estamos asustados, aislados, y sobre todo, más conscientes que nunca de nuestra nula capacidad de controlar las cosas y de asegurar una confortable certidumbre.

Henos aquí. Cuando escribo estas palabras es diciembre del año 2020. El año que, estoy seguro, conoceremos como el año del coronavirus.

Este libro, aun desde antes de la pandemia, parte de una idea central y poderosa: estás en crisis. No lo veías venir, no estaba en tus planes, ni podías imaginarlo, pero de todas maneras te ha ocurrido lo *impensable*; aquello, sea lo que sea, que no creías posible.

Tal vez la vida te ha dado el revés de tu vida, y ahora que la catástrofe ha culminado y el escombro empieza a acomodarse tras la caída, tú te encuentras con la simple realidad de que no sabes qué hacer. En blanco, asustada, o simplemente triste, te preguntas si hay algo para ti, si puedes, o quieres, volver a empezar. Suspiras. Desconoces la respuesta, pero lo cierto es que algo dentro de ti se mueve. Llámalo instinto, deseo de supervivencia, corazón, o en el mejor de los casos, **esperanza**. Sea lo que sea, ahí, tal vez en tu vientre, hay algo que permanece encendido, tímido, pero encendido, y te susurra al oído «*sigue*».

Sigue.

Y ya sea por deber, amor propio, amor a otros, porque quieres seguir con vida, intentas hacerle caso.

Por eso escribí este libro. Porque las crisis, las tragedias, nos ocurren a todos, son inevitables, y luego, aunque sea tanto o más doloroso que la crisis misma que nos llevó hasta ahí, hay que recoger los pedazos, seguir adelante. Algunas personas sufren varias a lo largo de la vida, tal vez son menos «afortunadas» que otras. Algunas más la pasan mejor durante años, pero eso da igual; todo muta, todo cambia, y por ende todos deberemos enfrentarnos al embate de la pérdida. La pregunta es ¿cómo?, ¿exactamente cómo?

Las palabras motivadoras no sirven. Eso lo sé por experiencia terapéutica y porque la ciencia lo ha demostrado hasta el cansancio. El positivismo radical, tiránico, mucho menos. Incluso, tiene el efecto contrario. ¿Decretos, deseos, expectativas? No. ¿Cómo podría revictimizar a la víctima, es decir, culpar al que padece una crisis de que lo que lo mantiene en dolor es su falta de actitud, buena vibra, o motivación, servir para algo? De ninguna manera. Hace falta mucho más que respuestas simplistas, irrespetuosas a la inteligencia y pesar del abatido.

Luego, por si nos faltaba algo, aparece la COVID-19. Entramos en cuarentena y aislamiento, casi a nivel mundial. Sobreviene una de las peores situaciones laborales y económicas que nuestra generación haya visto, y lo peor de todo, lo más *grave*, se pierden vidas. Un millón y medio de vidas (¿entiendes la cifra? ¿De verdad? Yo no). Gobiernos aquí y allá probaron diferentes estrategias, pero ninguna sirvió del todo. Se perdieron familias enteras o familiares en concreto, la gente se quedó sin la posibilidad de despedirse de los suyos, que morían ahogados, solos, en una cama de hospital, sin el bálsamo natural que provee el rito del velorio. Muchos, es verdad, enfermaron sin complicaciones, pero otros hasta hoy padecen síntomas o síndromes extraños posvirus, que para este momento la medicina aún no comprende bien, de modo que el miedo y la angustia se cierne sobre todos nosotros. Nadie quiere enfermar, contagiar, o sufrir las consecuencias. En ese miedo, lógico, esperable, incuestionable, hemos vivido, hasta ahora, más de 270 días encerrados, sin poder abrazarnos o besarnos entre nosotros... sin ni siquiera poder darnos la mano, sumidos en una angustia existencial y clínica extendida en cifras que no se habían registrado jamás. Se extinguieron las buenas noticias y nos quedaron solo las malas. Y en el trance, pareciera que estamos perdiendo un poco de aquello que nos hace humanos: la capacidad de vincularnos entre nosotros.

Esto ya no se trataba de entender y abordar una crisis personal. Esto iba —y sigue yendo— mucho, muchísimo más lejos y profundo que eso. Esto es algo que ha llegado para sacudir el panorama del mundo, poner en duda nuestros paradigmas. Nos ha obligado a hacernos preguntas que no queríamos, a modificar cómo trabajamos, gastamos nuestro dinero, comemos nuestra comida, cuidamos nuestra salud, amamos a los nuestros, y entender nuestra relación con nosotros mismos. ¿Volverán a ser las cosas igual? Al día de hoy, aun en medio de la pandemia, lo ignoro... pero tengo curiosidad. Creo que siempre tengo curiosidad. Cautelosa, pero ahí está.

El asunto es que llegué a marzo de 2020 con más de medio libro escrito, forzado yo mismo a confrontar esta situación radical y extraña. ¿Se sostenían las lecciones como las había propuesto? ¿Resonaba el texto con la búsqueda que proponía? ¿Cumplía con su objetivo?

No. No del todo.

Verán, hay muchas cosas que en teoría suenan bien, que en serio lucen bien, pero es solo hasta que se ponen a prueba que puede comprobarse si su autenticidad se sostiene o no, y esta vez, sin querer, me encontraba en el mejor laboratorio disponible para poner a prueba mis teorías, estrategias y técnicas. Esta vez la crisis también me había arrastrado a mí.

Así que hice lo que todo escritor debe hacer ante esta situación: oprimir *delete* en la computadora, borrarlo todo, y volver a empezar.

Así es. Casi medio libro. ¡Puff! Adiós.

Conversé con maestros de antaño, psicólogos, psiquiatras, médicos, budistas y filósofos. Regresé a mis libros, leí durante semanas. Medité, me enojé, volví a meditar. Hice videoconferencias por Zoom con mi familia en España, con mi familia de México, con mis amigos más queridos, les conté cómo me sentía, tomé sus consejos, reímos y criticamos cuanto se pudo. Sobre todo, conversé casi hasta el delirio —lo sigo haciendo—, con mi esposa, que siempre tiene algo bueno, amoroso y sabio que decir. Nos volvimos, más que nunca, el ancla del otro, presentes, fuertes, compasivos, pacientes. Aprendimos a vivir con menos y a disfrutarlo, siempre en gratitud, cuidándonos mutuamente. Entretanto, practiqué más psicoterapia que nunca. Con un consultorio lleno, trabajé al lado de mis pacientes, descubriendo al mismo tiempo, ellos y yo, cómo navegar sobre este terreno basto e incierto.

Solo después, mucho más claro, me senté nuevamente frente al teclado y empecé a escribir.

Veintiún lecciones que, primero, me sirvieron a mí, luego a mis pacientes, y ahora, si logro salirme con la mía, a ti, querido lector.

Este texto, más que ninguno que haya escrito antes, está cargado de filosofía aplicada. No es un tratado de historia ni una discusión de postulados. Así como pasa con el positivismo radical que tanto odio, un texto académico, convulsionado, y en última instancia inaplicable, no tendría cabida aquí. Sin embargo, no sé qué tan de acuerdo estoy con eso de que hay que enseñar a usar el automóvil, no cómo funciona por dentro. Me parece, por el contrario, que entender de qué y cómo está hecha una máquina ayuda al operador a usarla y más aún, mantenerla, cuidarla, de forma más profesional. Así que si bien no pasaremos todo el viaje que representan estas páginas ponderando el sentido de la existencia y el fondo de la vida, tampoco esperes encontrar aquí una lista de pasos ni un *kit* de soluciones. No, no funciona así.

Lo que hice, más bien, fue tomar muchos postulados de la filosofía estoica, del budismo zen, y del psicoanálisis, y los fusioné en una amalgama peculiar que da voz a una suerte de *coach* imaginario; un entrenador de alto rendimiento, al que acudes para que te ponga en forma, te motive a trabajar duro, y te ponga en el camino para convertirte en la mejor versión de ti misma que sea posible. Este entrenador, a veces, será amable, sensible, de buen corazón, pero también será indómito, enérgico y un poco agudo, crítico. Nunca te pedirá que le «eches ganas», al menos no con esas palabras, pero sí que se parará, tan derecho como pueda, y te hablará con sinceridad, sin rodeos, hasta que logre que tú también te pongas de pie y hagas lo que tienes que hacer, que no es ni más ni menos que entender que esto, todo esto, se trata de ti. Solo tú lo puedes solucionar.

Este *coach*, este entrenador, este libro... este autor... cree en ti. Ahora necesito que tú lo hagas. Pero el recorrido no es fácil, ni corto. Lo que te ofrezco no son soluciones. Te ofrezco, más bien, un camino. Espero, de todo corazón, que elijas emprenderlo y que al final, te sorprendas, no solo de lo que sigue, sino en verdad, de lo que eres capaz.

A diferencia de mis libros anteriores, las lecciones que leerás a continuación sí tienen orden y secuencia. Las he dispuesto de este modo porque el camino propuesto habrá de llevarte, poco a poco, desde lo emocional hacia lo práctico; de lo interno a lo externo, y luego, al final, de vuelta hacia ti, hacia tu centro, hacia tu verdad, que al final del día es la fuente de toda vida. Una vez que hayas completado la lectura puedes regresar a cada lección, de forma independiente, para fortalecer lo aprendido, solo me gustaría que en el primer intento, vayas paso por paso, gateando primero para que, sin lugar a dudas, al final no vueles, no, ¿para qué quieres volar?

Más bien para que, al final, puedas sostener, y *ganar*, el combate de tu vida.

Si has de resolver el desastre que deja una crisis lo que necesitas no es elevarte por los aires. Lo que necesitas es saber resistir una golpiza, la peor de todas, para que cuando llegue el momento correcto —*siempre* llega— seas tú quien aseste el golpe final. Lo que necesitas, créeme, es luchar, con todas tus fuerzas. Ser tan valiente como te sea posible, tan digno como lo admita tu alma, tan honorable como lo atestigüen tus méritos, y tan persistente como lo promuevan tu filosofía, tu mente, tu cuerpo y tu corazón. Eres mucho más de lo que crees.

Dado que este libro es una continuación de mi obra anterior, igual que aquellos también es un manual de «no-dualismo». Haciendo uso de la paradoja y la aparente contradicción, buscaremos llegar a un consenso y resolver el caos, integrando, integrando y volviendo a integrar, hasta que se vuelva obvio y natural. Uno de los postulados centrales del budismo y el taoísmo, es que si bien existen los opuestos, ambos son complementarios, y se requieren el uno al otro para dar forma a la realidad. Pues bien, resulta que la ciencia opina algo semejante, así como la psicología. «La neurosis tiene su origen en la incapacidad de la mente para resolver la ambigüedad», declaró alguna vez Sigmund Freud. Tenía razón.

Como siempre, en ocasiones os hablaré como ahora, en plural, y a veces en singular, como si quisiera transmitirte algo con gran énfasis. No es un error gramatical o una omisión —al menos no lo creo—, sino un acto deliberado y consciente. Me gusta pensar que es como estar frente a un enorme grupo, en una conferencia o un taller, a veces compartiendo con todos, y a veces mirándote, a ti, a los ojos, mientras intento establecer un vínculo a través del tiempo y el espacio, por vía de la palabra impresa. Y hay algo más. Debo confesar que todo este asunto del lenguaje inclusivo no es lo mío. Creo que soy demasiado anticuado para eso. Lo que sí he hecho, puesto que la equidad *es* una obligación incontrovertible (más allá de las palabras o mi propia antigüedad), es escribir tanto en femenino como en masculino, de forma alternativa, un poco al azar. No es una solución perfecta, pero tampoco pretendo que lo sea.

Cae la noche, querido lector. La noche del alma. La noche del mundo. Estás rodeado de polvo, de escombro. Tienes miedo, estás cansado, y no sabes si podrás con lo que sigue.

Te prometo que sí. Puedes, y podrás.

La única forma de salir de la oscuridad es, justamente, seguir caminando.

De modo que caminemos. Caminemos juntos, tú y yo. También tengo miedo, pero quedarnos quietos no es una opción.

Caminemos, y juntos, vamos a hacernos valientes.
Juntos, entremos en la oscuridad.
Juntos, vamos a atravesarla.
Juntos, vamos a descubrir qué hay del otro lado.

Sé fuerte... Te dará vida.

El Túnel

Estás de pie, un poco aturdido. Aún no entiendes muy bien qué pasó, mucho menos por qué. Lo único que sabes es que verte enfrentado a esa dificultad, a semejante problema, es lo más grave que te ha pasado jamás. A tu alrededor hay un desorden. Fragmentos de tu vida, esparcidos de forma caótica, pintando un cuadro que te confunde aún más. ¿Qué pasó con tus planes? ¿Qué pasó con tus sueños? ¿Qué pasó con tus certezas? ¿Todos esos pequeños y grandes controles? Se han ido. Pero tú sobreviviste. Estás solo —o al menos así te sientes—, adolorido, pero *sobreviviste*. Inspiras con cierta torpeza, hasta que el ritmo de tu respiración se regula por sí mismo. Te envuelve el silencio. En eso, miras al frente y te das cuenta de que, si empiezas a caminar —y realmente quieres hacerlo— no te queda otra opción que entrar en el túnel que está frente a ti. Es abismal, oscuro, y desconoces cuán largo es. Por supuesto, sientes angustia, ¿cómo no? Pero igual caminas. Avanzas. Te internas. Es tan negro que no alcanzas a ver ni tus pies, moviéndose por la incógnita, a través de la incertidumbre.

Este es el túnel de tu recuperación.

La luz está adelante. Siempre está adelante.

Empieza tu camino.

1

Trabaja tus duelos

Todo cambio implica una pérdida, del mismo modo que
cualquier pérdida es imposible sin el cambio.

Robert Neimeyer

Primero tienes que trabajar tu duelo. Toda recuperación debe empezar por ahí.

Trabajar tu duelo, exactamente, como si se te hubiera muerto alguien o te estuvieras muriendo tú, literal o metafóricamente.

Verás, si alguna vez has amado algo, si alguna vez has sentido un vínculo cercano con alguien, y si alguna vez has deseado, planeado, trabajado por un sueño, entonces has perdido. Y si has perdido, entonces has experimentado el duelo. No se puede vivir, así lo que se dice vivir, sin que todo aquello que posees, incluso tu propia existencia, se vaya acabando poco a poco, o a veces incluso de forma totalmente brusca, inesperada. Tener es perder, y perder es tener; ambos están siempre unidos, en una complementariedad perfecta que va mucho más allá de tus deseos, esfuerzos o expectativas.

Vivir es participar activamente en la pérdida. Y perder es experimentar, en primera mano, la realidad del duelo.

Una de las reglas básicas de la vida, sobre todo desde la perspectiva psicológica, es que todo lo que existe se encuentra en constante cambio y transformación, por lo tanto, absolutamente nada es
permanente, al menos no en términos de total estabilidad y seguridad. Vivir implica morir un poco todos los días, para que las células
de tu cuerpo se renueven (entre muchas, muchísimas otras funcio-
nes), y lo mismo ocurre con lo que te rodea, así se trate de una relación amorosa o familiar, un proyecto de vida, tus sueños de la
infancia, la vigencia de las herramientas que usas para trabajar, y sí,
el día a día, que tiene un principio y luego un final, así que es importante que entiendas que la única forma de no experimentar el
duelo es no amar nada, no querer nada, no hacer nada, y que una
vida vivida así, en el vacío y la miseria emocional, probablemente
no valga la pena. Así que si estás aquí, con nosotros, vivo y en movimiento, habrás de perder todo lo que quieres y tienes.

No intento ser sarcástico, de ningún modo. Es solo que el realismo que implica abordar el dolor y la pérdida nos obliga a la fran-
queza. Diablos, si estás leyendo estas páginas tal vez ya te haya
pasado… Y si aún no, relájate, ya te ocurrirá. Aquí, a estas páginas,
hemos venido con la intención de aprender qué podemos hacer
cuando las cosas se ponen de cabeza y no sabemos cómo proseguir
con nuestra vida; en suma, hemos venido a tratar de entender cómo
seguir viviendo cuando la pérdida nos arrebata lo que amamos, y
más aún, si existe la posibilidad del bienestar después de semejante
fractura. La respuesta para ambas cuestiones es sí, por eso atenda-
mos primero lo primero: la consciencia, y con ella, aceptar que estamos imbuidos, día con día, con la pérdida; que es inevitable, y
que mientras más pronto nos amiguemos con ella, podremos deja
de desperdiciar tiempo y energía vital en esforzarnos por mantener
una idea de control y perfección sobre la vida que simple y llana-
mente no es realista.

Así que ocurre la pérdida, la que sea, y el mundo, o lo que entiendes sobre este, se trastoca. Ahí empieza todo, ahí comienza la *gran tristeza*: la luz se consume, todo a tu alrededor se pinta de un color grisáceo, y lo que antes era interesante o agradable deja de serlo. Es más, si llegan a ocurrirte cosas buenas durante el día, probablemente te resistas a pasarla bien, porque frente al malestar del dolor, hasta sonreír parece carecer de sentido. Así pasa un tiempo, a veces horas, o días, hasta que en una de esas entra en escena la angustia. Se te encoge un poco el corazón y ahora, además de estar triste, también te sientes inquieto y con pesar. Sin darte casi cuenta, ya estás ahí, en duelo, y tanto si es grande como pequeño, *duele*.

Ese es el problema: el dolor. A ningún ser vivo le gusta experimentar dolor, al menos no si allá arriba, en el cerebro, todo funciona de manera más o menos normal. Así que hacemos de todo para ignorarlo, con la esperanza de que si pasan suficientes meses —o años— todo volverá a ser normal. ¿Cuántas veces lo has escuchado? Yo, muchísimas. «Dale tiempo.» «Ya pasará.» «No te preocupes, es cuestión de tiempo.» No, no lo es, y «dale tiempo» es de los peores consejos que se pueden escuchar y dar. Dándole tiempo a las cosas se nos van los años, ¡se nos va la vida!, y si no tenemos cuidado, sin darnos cuenta, habremos envejecido sin incrementar consciencia. Eso es absurdo. Nada, léelo bien, *nada* se soluciona simplemente porque sí, de forma pasiva, y créeme, la fuerza que requieres para salir de esto, de lo que sea que estés pasando, exigirá de ti que te comprometas activamente con el proceso y hagas tu tarea; es tan simple como eso.

Tal vez conoces o has oído hablar sobre Elisabeth Kübler-Ross. Si no, al menos estoy casi seguro de que conoces la aportación medular de su obra: las fases del duelo. **Negación, ira, negociación, tristeza y aceptación.** Estas fases, en orden o en desorden, se han convertido en el estándar a través del cual entendemos la pérdida y el dolor que conlleva, pues suelen presentarse cuando nos enfrentamos al proceso de dejar ir. Seguro que has pasado a través de ellas, y muchas veces —yo también—, así que de alguna manera estamos familiarizados con su instancia. El problema es que Kübler-Ross descubrió este proceso doloroso cuando investigaba la experiencia de los moribundos, de aquellos que van a morir, no necesariamente de los dolientes que necesitan dejarlos ir, y como tal describe la experiencia de aquel al que se va de la vida, no del que seguirá aquí, y por ende tiene la obligación de encontrar la manera de reconciliarse con la existencia que aún tiene y tendrá. Es un detalle sustancial, porque nunca será igual prepararte para la partida final, la muerte, que para enfrentar la privación de algo que hemos tenido, el fracaso para conseguir o conservar algo que tiene valor, la disminución o el deterioro, o la destrucción o la ruina. No señor.

Trabajar tu duelo implica que habrás de entrar en el proceso voluntariamente, y trabajarás activamente por asimilar la pérdida para luego permitir que te transforme. Porque ese es el sentido de perder, ¿sabes?, y de que duela tanto. Cambiar, volverte distinto, poco o mucho. Que el duelo te modifique, te lleve a la evolución.

Todo duelo nos transforma, si colaboramos con él. Y ese es el punto.

Así que deberíamos intentar dejar de ver el duelo como etapas, aunque estas sugieran cierta pasividad y la promesa tácita, atractiva, de la resolución (siempre que dejemos correr suficiente tiempo). Mejor abordemos el duelo como si se tratara de un trabajo, con una serie de actividades concretas que habremos de sacar adelante para así recorrer el viaje, de principio a fin, y aprender las lecciones que tiene para nosotros.

Acepta que perder duele, que perder genera tristeza, y que eso está bien. No es una enfermedad de la que te curas, es un viaje, una experiencia. Lo que sientes es justo, es adecuado. Ábrete.

Permite que te duela. Deja de distraerte, de evadirlo, de huir. Concede permiso al dolor de entrar en tu vida, en tu cuerpo y de hacer lo suyo. Asusta, lo sé, porque te hará sentir confundida, desorientada; como si tu mente se fragmentara o perdiera cohesión. No va a ocurrir, lo prometo; solo se siente así. Pero el dolor tiene cosas que decirte, y debes prestar oído. Lo que pasa es que tu cuerpo quiere que te quedes quieta un momento, que dejes de correr y llenarte de cosas para no sentir. Es un momento para permitirte estar triste, para autoconsolarte, para tener compasión por ti misma, para buscar dentro de ti tanto amor como sea posible, y para permitir también que aquellos que te aman se acerquen a ti y te abracen. No para sentir pena por ti misma o autoconmiseración, pero sí para conservar energía y reflexionar.

Aprende a vivir sin aquello que perdiste. Tal vez es una persona, una actividad, la salud, o una creencia, un deseo, un amor. Sea lo que sea, probablemente tu vida, su rutina y sus patrones, siguen más o menos igual que antes de perder, así que habrás de hacer ajustes. Asume nuevos roles, aprende habilidades distintas; deja de hacer lo que haces siempre, aunque creas que eso es lo mejor. Créeme, a pesar de que insistas en seguir siendo la misma persona o vivir de la misma forma que antes, eso no va a pasar. Lo que perdiste se fue, acabó, no volverá. Cada minuto que pasas lamentándolo o intentando que todo sea como solía ser es un instante de vida que desperdicias. En lugar de eso, cambia... hazlo con calma, con cuidado, no de golpe y porrazo. Déjate llevar por el flujo. ¿Esos lugares a los que ibas? Vuelve a visitarlos, solo que ahora con una actitud de sorpresa, tratando de vivir cosas nuevas. ¿Esas canciones que escuchabas? Intenta con algunas nuevas, deja de regodearte en el pasado. ¿Y ese insomnio, que no te deja descansar? Aprende a meditar, a relajarte; lee libros nuevos y diferentes, estudia cosas inesperadas, vuélvete más compleja. No hay reglas, solo deja de pensar que hacer lo que hacías en el pasado servirá esta vez. No es así. Necesitas cambiar y crecer, fortalecer habilidades nuevas y desconocidas. Empujarte a ti misma un poco, explorar. Lo que se fue, se ha ido, pero tú sigues aquí. Haz que valga la pena.

Y claro, reformula tu relación con aquello que perdiste. Se acabó, eso es un hecho, pero tus memorias siguen ahí. Hacer un buen duelo no significa olvidar y seguir adelante; significa, más bien, aprender a vivir con las cicatrices que dejó el dolor. De vez en cuando recordarás, habrá nostalgia, y entonces tendrás que cimentar más que nunca tu atención y conciencia en el presente, en el aquí y ahora, con amor, con paciencia. Hazlo con calma, respetando lo que perdiste y a la persona que eres ahora. Tal vez tengas que confeccionar un ritual, eso ayudaría mucho —yo brindo al aire, por mi padre y mi suegro, cada vez que termino una copa de vino—, pero ten por seguro que hagas lo que hagas tendrás que configurar nuevas filosofías y valores que se ajusten al resultado de tus duelos y a la persona transformada que eres ahora. Disciplina, esa es la clave: incorpora la gratitud por lo que tuviste y verbalízalo de vez en cuando; respeta lo que eres ahora y tus emociones; valora con cada fibra de tu ser lo que aún conservas y a quienes aún te acompañan.

Cambia, y agradece ese cambio. No te pido que lo disfrutes, eso es absurdo. Ni siquiera que ames el proceso, porque eso también es difícil. Estás enfrentando la pérdida de lo que amas, no tiene por qué ser agradable. Más bien acepta eso, que el proceso es arduo, nada placentero, y que justo por eso debes hacerlo.

Carl Jung pensaba que volverse adulto nos forzaba a un tremendo ejercicio, una titánica tarea: reconciliar nuestras contradicciones, es decir, querer ir a la derecha y a la izquierda también, o desear perder peso pero seguir comiendo todo lo que nos gusta, y claro, amar a aquel que te acompaña en la vida, aunque a veces también lo odies un poco. Ser adulto es ser complejo, y ser complejo es, a veces también, no tener demasiada claridad sobre quiénes somos y por qué hacemos las cosas. Resolver nuestros duelos, también, forma parte de esa adultez, en la que nos pasamos la vida perdiendo.

Si Jung tenía razón, y así lo creo, entonces el duelo nos obliga también a una reconciliación entre el yo que era y el que soy ahora; entre lo que pasó y pasará; entre lo que quiero y no puedo tener, y lo que *no quiero*, pero está frente a mí, y probablemente debo tomar. Hagámoslo con cariño y humildad. Está bien. Nadie dijo que fuera agradable.

Pero es necesario.

Es necesario si quieres seguir adelante, crecer y sanar.

Recorre tu viaje, pasa por tus etapas, haz tus tareas, y recupérate del dolor. No puedes evitarlo, así que concentra tu esfuerzo en otra dirección. No en cerrar los ojos en un pasivo y absurdo «No pasa nada», sino en un sentido y genuino «Sí, esto es horrible, me parte el alma, pero lo acepto. Pesa, y mucho, pero yo sigo aquí, y por eso haré lo que pueda. Aprenderé mis lecciones, cambiaré lo que sea necesario, recordaré lo que amaba, y de la mano del dolor creceré». Eso es todo. No, no resignación, mucho menos pasividad, cinismo o ironía, sino puro amor propio y desafío.

Desafío al sinsentido, al pesar y la oscuridad.

¿Habrá de levantarse entonces ese manto gris que te envuelve, y la alegría te será accesible de nuevo? Verás que sí. No será de un día para otro, pero si aceptas de una vez que detrás de cada ganancia hay una pérdida, que detrás de todo amor y todo deseo está la necesidad de dejar ir, más tarde o temprano tu trabajo dará resultado. *La gran tristeza* habrá hecho lo suyo, te habrá enseñado lo que venía a enseñarte, y ahora podrás concentrarte en lo que hay, el presente, y en lo que sigue, el futuro.

El viaje de la recuperación apenas comienza.

2

Ego y apego

Cuando un hombre ordinario logra conocimiento, se vuelve un
sabio; cuando un sabio logra consciencia, se vuelve un hombre
ordinario.

PROVERBIO ZEN

Entender el trabajo de duelo es mucho más difícil si no traemos a
la mesa al ego y sus apegos.

Ego y apego vienen juntos; en realidad no puedes tener uno sin
el otro. Así mismo, cuando observas a cualquiera de los dos y te
haces consciente de ello, trascender al otro es más fácil. Si sueltas y
te liberas de tus apegos habrás debilitado al ego, y si te haces consciente de tu ego, te será mucho más sencillo desapegarte de tus
aparentes necesidades.

Entender qué es el ego no es difícil. Para empezar, todos tenemos
uno. Sí, todos. Si estás vivo y posees sentidos y percepción, así como
una maquinaria mental que procesa la información, entonces has desarrollado un ego, es decir, una distorsión mental que te lleva a creer que:

1. Lo que percibes y lo que piensas, tal como lo percibes y lo
   piensas, es real.

2. Puedes apoderarte de las cosas, las ideas, las creencias o las personas, y hacerlas tuyas.
3. El mundo, lo que ocurre y hay en él, puede clasificarse como bueno o malo, agradable o desagradable, según tus juicios o experiencias.
4. Podrás estar en control, a salvo y seguro, siempre y cuando te mantengas apegado a lo que tienes. Incluso, que si te esfuerzas mucho, lo que posees podrá ser permanente.
5. Necesitas de todo ello para sobrevivir, y más aún, para *ser*. Es decir, que tú *eres* gracias a todas esas cosas, ideas, creencias o personas que *supuestamente* posees. Tu identidad *depende* de tus apegos. Sin todos ellos, no eres *nada*.

Pero entonces, si leído así, de pronto parece tan absurdo, ¿por qué desarrollamos un ego? Es muy sencillo: porque a los seres humanos nos encantan la estabilidad, la seguridad, la certidumbre y el confort. Es tan simple como eso. Nos gusta creer que podemos controlar lo que ocurre a nuestro alrededor, que la tensión nos acerca a las cosas que queremos, o las sostiene a nuestro lado, y que podemos escapar a la pérdida, siempre que seamos muy inteligentes, muy fuertes, o muy tenaces. En suma, nos fascina autoengañarnos, porque la realidad es muy distinta. La absoluta seguridad no existe, más bien vivimos en un permanente estado de vulnerabilidad; la estabilidad es y siempre será temporal, sujeta a las inevitables reglas del cambio y la transformación; la certidumbre es una ilusión creada por la mente, dado que cualquier cosa puede modificarse, segundo a segundo, ya sea por nuestro entorno inmediato o por fuerzas lejanas e insospechadas; y el confort, ¡ah el confort!, es un estorbo, un obstáculo, que nos mantiene estrechos, limitados y asustados, por lo que termina siendo más contraproducente que beneficioso.

«Todo cambia —insiste Rick Hanson, en su obra *El cerebro de Buda*—.[1] Esta es la naturaleza universal de la realidad exterior y de la experiencia interior. Por tanto, las interferencias en los equilibrios no acabarán mientras vivas. Pero para ayudarte a sobrevivir, tu cerebro no deja de intentar parar el río, lucha por mantener en su sitio a todos los sistemas dinámicos, por encontrar patrones fijos en este mundo variable, y por construir planes permanentes para condiciones cambiantes. En consecuencia, tu cerebro persigue siempre el instante que acaba de desaparecer, intentando entenderlo y controlarlo. Es como si viviéramos al borde de una cascada, cada momento corre hacia nosotros —y lo experimentamos nada más como ahora, siempre— y luego, ¡zas!, ha traspasado el borde y desaparecido para siempre. Pero el cerebro está siempre agarrando lo que acaba de irse.»

Y es que asusta darnos cuenta de que todo puede acabar en un segundo, que a menudo lo hace, y que aferrarnos a las cosas que se han ido carece por completo de sentido. Por eso el ego, ese niño asustado que habita dentro de nosotros, se aferra con garras y dientes a su versión de las cosas, especialmente al pasado y a lo familiar; a lo conocido. Eso siempre será más fácil que abrirse a la aventura, dar el salto a lo desconocido, y dejarse llevar, no de manera lánguida, no, sino participativa, haciendo siempre lo mejor que podamos, aunque no siempre cosechemos los mejores resultados. Sí, da miedo y, sin embargo, es la única forma de genuinamente estar presentes.

¿Cómo es vivir, así lo que se dice verdaderamente vivir, de forma adulta y despierta? Cambiando todo el tiempo, todo el tiempo, todo el tiempo. Adaptando nuestros esfuerzos a las circunstancias

---

1. Hanson, R., y Mendius, R., *El cerebro de buda: La neurociencia de la felicidad, el amor y la sabiduría*, Milrazones, Santander, 2013.

sin sacrificar nuestro optimismo. Regulando nuestras emociones, y nuestro trabajo, renunciando a la manía de controlar todo lo que no depende de nuestras decisiones. Fortaleciendo nuestro espíritu para aguantar la desilusión, que será constante, y ampliando nuestra creatividad, para soñar nuevos sueños, construir nuevos objetivos, e ir tras ellos. Siendo tan amable, generoso, humilde, alegre y honorable como nuestra humanidad lo permita, y tan valiente, fuerte, enérgico, innovador y luchador, como nuestro corazón, y las circunstancias, lo demanden.

Confía en mí, querido lector: es fácil cuando todo va bien y las cosas son como quieres. La prueba de fuego es mantener el temple, la calma y el espíritu, cuando todo va mal. Cuando hay que poner los pies en el suelo, ser realista, y entender que hemos de cambiar, una vez más, para hacer que las cosas funcionen. ¡Menuda carga! Cuando hay conflicto y pérdida aparecen la confusión, el dolor, y especialmente el miedo y el enfado. Justo por eso es que hay que seguir decidiendo, y decidiendo bien, en beneficio al bien mayor, al bienestar máximo; no a obtener lo que queremos, sino a hacer las cosas bien.

¿Qué es el ego entonces? Sobre todo temor y furia. Un temor y furia tan grandes, tan profundos, dirigidos hacia la incertidumbre, la pérdida y el cambio, que hace que la percepción, el juicio y la mismísima consciencia se distorsionen y deformen, generando una especie de embudo —un agujero negro metafórico, por decirlo así— a través del cual tu yo, tu ser, colapsa, y cae en espiral, dando vueltas sobre sí mismo hasta crear al ego. «Yo, yo, yo; mis problemas, mis urgencias, mis creencias, mis necesidades, yo, yo, YO.» El ego es la necesidad de generarte falsa seguridad, estrechando tu pensamiento y tu experiencia, comprimiendo tu mundo para hacerlo manejable, conocido, y convenciéndote de que todo estará bien, todo será como quieres, si pagas el precio: caer en su cárcel, vivir bajo sus reglas, asustado, estresado y engañado. Pequeño, muy pequeño. Rígido, soberbio y limitado... Cuando tu destino... tu destino es otro.

Tu destino es la grandeza.

Tu destino es ser un héroe. Sí, un héroe, aquí y ahora, de carne y hueso. Un héroe para tu propia vida, para tu propia mente y para tu propio Ser. Así que hazlo, lucha, pero hazlo bien, siendo realista, entendiendo que las cosas que tienes, que las personas que llegan a ti, no están ahí para permanecer, sino para gozarlas, usarlas, amarlas y respetarlas, mientras duren. Esa es su esencia, su razón, su enseñanza. Tu evolución, tu fuerza, está en el desapego.

En dejar ir.

Cuando dejas ir, cuando sueltas, el ego pierde cohesión y poder, y esa, de hecho, es la mejor estrategia para superarlo. No combatir contra él en un esfuerzo por apalearlo hasta la sumisión, sino prestar atención, escuchar, sentir sus demandas, para luego suspirar con calma y relajarnos. «Puedo abrir las manos, puedo soltar, pudo permitir que las cosas sean. Poseer no me define; vivir, si.» El desapego no ocurre cuando nos esforzamos más o generamos mayor tensión, apretándonos, sino al contrario, cuando confiamos, suspiramos, y verdaderamente entendemos cuán poco necesitamos para existir, prosperar, ser felices. Cuando estamos dispuestos a ver que lo que creemos que llamamos necesidades son más bien demandas, deseos, expectativas, y que está bien tenerlas —en tanto nos mantengan motivados—, será más fácil comprender que siempre habrá de llegar el momento de su término. Justo entonces habrá que dejarlas ir, ya sea porque cumplieron su función, o simplemente porque no son posibles.

Ya hablaremos de la fuerza de voluntad. Esa es necesaria para otras tareas que habrás de enfrentar, pero entiende esto de una vez: cuando se trata del ego y sus apegos, no es fuerza lo que debes usar, no es fuerza lo que requieres. Es *poder*.

Y es que fuerza y poder no son lo mismo. Imagínate enfrentándote a un pulso con una persona mucho, muchísimo más corpulenta que tú. De frente, uno contra el otro, las manos entrelazadas y los codos firmemente apoyados en la mesa. Empieza entonces el tirón. Seguramente tu contrincante ganará pues es más fuerte que tú. Pero ¿es más poderoso? La fuerza es vigorosa, producto a veces de los músculos, y a veces de la imposición, el empeño y la firmeza. Su función es enfrentar, desafiar y, a veces, rechazar. El poder, en cambio, es más sutil, y no se encuentra en los músculos, sino en la mente. El poder surge de la capacidad de asignar valor y significado a las cosas, de encontrar motivo y propósito; de reconciliar. El poder genera congruencia entre cuerpo, mente y espíritu, pues está basado en la vida por sí misma y no se opone o rechaza nada. El poder tiene su base en los principios, la ética, y el corazón; en todo aquello que nos da dignidad y honor. La fuerza es necesaria, porque es rápida y domina; es movimiento, yendo de un lugar hasta otro, desbaratando obstáculos. Pero en el terreno del ego y la práctica del desapego, el poder, que te hace noble, que te mantiene enfocado, sereno y quieto, es lo que será de verdadera utilidad.

Claro que el oponente corpulento tiene las de ganar, al menos en cuanto a músculos se trata. En el reino de la mente, esa es otra historia. Ahí, en el reino de la mente es donde la derrota no disminuirá tu autoestima, en la que no te sentirás empequeñecido, y en la que entenderás que ganar no era imprescindible desde un principio. Que en realidad no perdiste nada, que fue divertido y ya; que en ocasiones la mejor estrategia no es dominar, sino distenderse. Que ganar o perder son dos caras de la misma moneda, y a veces estarás en una, para luego estar en la otra. Se trata de fases, momentos, instantes, y ya. En el reino de la mente, en el uso del verdadero poder, verás que el apego a la certidumbre y el control te debilita, porque te llena de duda y ansiedad, de tensión innecesaria y nerviosismo. Que en cambio, el dejar ir requiere de comprensión, consciencia y valor, de que aceptes quién eres, qué quieres y a dónde vas; cuál es el sentido de todo esto, de la vida, y de tu existencia.

Recuerda: fuerza es movimiento. Habrás de usarlo cuando sea necesario.

Poder es quietud, es significado. Es tu dignidad y honor, expresándose en la relajación y la serenidad.

Todo apego no es sino producto del ego, reclamando tu atención, convenciéndote de que sin tal o cual cosa, sin esa o aquella persona, sin una u otra creencia, dejarás de ser tú, y eso es terrible, imposible, espantoso. *¡Necesitas, necesitas, necesitas!, pequeño ser asustado. ¡Dependes! Ríndete a la urgencia, a la prisa, a la posesión.* Con el apego, el ego se fortalece, distorsionando tu percepción para que continúes creyendo sus mentiras, y en ese ciclo de retroalimentación te cueces más y más en los jugos del miedo, de la ira, comprimiendo más y más tu percepción, tu pensamiento, tu capacidad de experimentar y sorprenderte; de confiar y soltar.

Necesitarás poder para quedarte quieto, en calma, y respirar. Primero un poco, luego más profundo, y abrir la mente. *No necesito. Soy. Elijo. Pocas cosas atentan contra mi seguridad y mi vida. Muchas, en cambio, atentan contra mi comodidad. Pero ahí, en el confort, no es donde ocurren las cosas grandes; donde ocurre la magia. Así que abro las manos, abro mi centro, y suelto lo que me limita, lo que me estorba, lo que me roba atención, concentración, conciencia y paz. Soy, existo y eso es suficiente.*

Lo es.

Todo se limita a esto: ¿quién eres? ¿La versión que la sociedad tiene de ti? ¿Los roles que eligieron para ti según tu estatus, tus logros, tus posesiones o tus éxitos? ¿Una pequeña persona, forzada a vivir en miedo, tristeza y aflicción porque no tiene lo que quiere y a veces le tocará perder lo que creía seguro, siempre concentrada en el yo, en sus demandas y temores, sus tristezas y pesares?

No. Eres vida, y eso significa que estás vivo, cambiando, al unísono con la realidad que te rodea. No eres lo que posees, eres lo que haces con todo aquello que tienes, que es prestado, y que sirve mientras dura. Cuando acaba o se te niega déjalo ir, trabaja tus duelos, y sé libre de una vez por todas. Viaja ligero. Eso es verdadero poder. Confía en mí: cuando se trata de lidiar con esa crisis que tienes encima, cuando debas cambiar, adaptarte y crecer para salir adelante, para redefinirte y reconstruirte, te será enormemente útil.

Ah, y algo más.

Sí, las cosas sí salen bien, querido lector. Claro que sí. Solo que a menudo no salen como quieres, y eso está bien, eso es normal. No estás aquí para tener todo lo que quieres, sino para gozar lo que hay, mientras lo hay, y sacar el mejor partido de la vida, y de ti mismo, mientras te sea posible. Alégrate, o al menos inténtalo. Cuando sueltes de una vez por todas el control y te permitas fluir, imagínate todo lo que descubrirás frente a ti.

3

Esto se trata de ti.
Eres el centro del problema

La mayoría de la gente realmente no quiere la libertad, porque
la libertad implica responsabilidad y la mayoría de la gente
tiene miedo de la responsabilidad.

SIGMUND FREUD

Permíteme ser totalmente claro a este respecto, aunque tal vez no
te guste leerlo: tú eres el centro del problema. Sí, tú. Todo esto se
trata acerca de ti. Tan pronto empieces a hacerte cargo de ti misma
y responsable de tus acciones, antes empezarás a reparar tu vida.

Tú eres el centro del problema y, por lo tanto, también tú eres
la solución.

Lo sé, tal vez estás enfrentando la muerte de un ser querido, la
quiebra de tu negocio, un despido, el diagnóstico de una enfermedad, un divorcio, o cualquier otra tragedia más —sí, tragedia, lo
digo en serio—, y seguramente tú no causaste nada de esto. Eres
inocente.

El problema es que tener eso tan claro puede estarte llevando a
convencerte, consciente o inconscientemente, de que realmente no

puedes hacer nada al respecto. Que eres una víctima, un peón, o peor aún, una desfavorecida. Créeme, estás equivocada. Sin lugar a dudas, aunque no hayas decidido la mayoría de las cosas que te trajeron hasta aquí, o ninguna de ellas, debe quedarte totalmente claro que, aquí y ahora, *tú puedes decidir salir de esto*, hacer las cosas diferentes, poner un alto, marcar límites, o cualquier otra estrategia necesaria que te ponga en movimiento y en dirección al cambio.

Piénsalo bien: ¿quién está al mando de tu vida, realmente? ¿Quién toma las decisiones? ¿Quién fija el curso? Y sobre todo, ¿quién está dispuesta a seguir haciendo lo mismo, una y otra vez, aunque te mantenga en el mismo lugar que no te gusta, aunque sea fastidioso y molesto, aunque no te lleve a nada, aunque no te ayude a cambiar?

Exacto, tú.

Y eso es una gran noticia, la mejor de todas, porque implica que entonces tú, y solo tú, puedes intentar hacer las cosas diferentes y tener una vida mejor, incluso después de esta tragedia en la que te encuentras. Que de hecho tú, y solo tú, serás la pieza angular de la recuperación, y que en ti está la clave. Pero primero que nada tienes que dejar de sentir lástima por ti misma. *Compasión*, está bien. *Tristeza*, por supuesto. Pero ¿lástima? No, ¡basta! Esto cambia hasta que dejes de estar conforme con tu dolor, tu malestar, o peor aún, con la convicción de seguirlo soportando. Porque ten por seguro que, si no estás colocándote en el centro del problema como la gran responsable de tu vida, de forma tácita estás dispuesta a seguir aceptando y soportando el estado actual de las cosas. Es decir, que en tu tolerancia, inactividad, o miedo, sigues consintiendo, sosteniendo y promoviendo todo aquello que no te gusta, te molesta, o incluso odias.

«Pero es que no sé cómo cambiar. —Tal vez me respondas—. Realmente no sé qué hacer.» Y no, no tienes por qué hacerlo, pero estoy convencido de que hay algo que sí sabes, algo de lo que sí te has dado cuenta: no te gusta sentirte como te sientes. Esa crisis que enfrentas te dejó fría, lastimada, o tal vez sigues ahí dentro, en el ojo del huracán, y realmente has llegado a un punto en el que sabes que debes hacer algo pero no exactamente *qué*. Sabes que estás triste, ansiosa, te *incomoda*; eso, vamos, al menos eso, sí que lo sabes, y con eso basta, porque si realmente quieres cambiar, si realmente estás dispuesta, entonces harás lo que sea necesario.

Empieza por el principio: *pide ayuda.* Y si no hay nadie cercano que pueda ayudarte —maldita sea, a veces así es, estás realmente sola—, *búscala* tú. Ve a terapia o con un médico. Busca un entrenador, haz ejercicio, come mejor; que te enseñen cómo. ¿No sabes manejar tus finanzas o qué hacer con el poco dinero que tienes?, consulta a un asesor financiero. ¿Temas legales? Acércate a un abogado. Tal vez necesitas cambiar de trabajo, así que sería buena idea acercarte a tus amigos, o a *sus* amigos, y si tu CV no está funcionando, entonces seguro que alguno de ellos conoce a un especialista en Recursos Humanos que puede asesorarte. ¿No tienes dinero para nada de eso, dices? Entonces una de dos, busca generar más, aunque sea un poco, y en paralelo busca especialistas que trabajen *pro bono*. Oh sí, hay muchos: escuelas, clínicas, despachos. Siempre hay alguien dispuesto a ayudar, lo que no estás haciendo es buscando en el lugar correcto. A veces la ayuda no está en tu familia —aunque según tú debería estar—, o en tus mejores amigos. A veces la ayuda no está en los lugares que conoces... a veces tienes que ir más allá, afuera, donde hay otras posibilidades.

El asunto es que cuando empieces a hacer esto, cuando de verdad te pongas en el centro del problema y te des cuenta de que todo se trata de ti, habrás dado los primeros pasos fuera de la zona de confort, y eso va a darte mucho, muchísimo miedo; tal vez hasta te duela aún más. La razón por la que sigues haciendo lo mismo que has hecho siempre no es por idiotez (deja de repetírtelo), es porque hacer cosas diferentes es muy doloroso. A veces, **la verdadera razón es que no quieres confrontar la verdad**: que si realmente tomas la decisión de hacer las cosas diferentes, si de verdad quieres lograr cambios, aprender del duelo en el que te encuentras y solucionarlo, entonces quiere decir que tú y tu vida también tendrán que cambiar, y que tendrás que atender cosas que no quieres atender. Cosas que llevas un tiempo observando, y que preferiste dejar de ver, así que te mantuviste distraída. Cosas en las que te encuentras atrapada, mentiras que te has contado, costumbres que haces de forma mecánica, inconsciente, y que sí, te mantienen fuera de congruencia —¿que no se supone que quieres ser feliz?—, fuera de foco, fuera del juego.

No querida lectora. La culpa no la tienen tus padres.

Tampoco la tiene tu pareja.

No la tiene este espantoso trabajo, el gobierno o el sistema, la inestabilidad económica, tus deudas o tu enfermedad. No la tiene Dios, la vida o tu soledad.

La culpa no la tienen los demás.

Y más vale que empieces a entenderlo, porque esta es la verdad: si los demás tienen la culpa, entonces los demás tienen el control.

Si los demás tienen la culpa, entonces las cosas cambiarán solo hasta que los demás decidan cambiar, o hasta que los demás hagan algo. Si los demás tienen la culpa, entonces dependes de ellos. Si dependes de ellos… estás a la deriva. Eso sí debería darte miedo, y coraje.

No, tú tampoco tienes la culpa.

De hecho tienes que empezar a dejar de señalar culpables de una vez por todas. No son ellos, ello, o yo. No hay culpables, hay circunstancias. Hay responsables. ¿Sabes cuál es la diferencia fundamental entre culpa y responsabilidad? La primera es pasiva, y solo sirve para autocastigarte porque te equivocaste o eres supuestamente mala. La segunda es activa, asume el peso, lo contempla, acepta y aprende de ello, para luego accionar. Responsabilidad significa *responder*. Empieza a hacer eso: responde.

Así que te propongo un término, un concepto: responsabilidad radical.

Vamos a empezar a desarrollar y practicar juntos una responsabilidad radical, es decir, asumir desde ahora que tú controlas tu mente, tus pensamientos y tus acciones (tu cuerpo y emociones no tanto…, ya lo verás en el capítulo 5); que controlas tus decisiones, y que como tal tú eliges qué se queda en tu vida y qué no, quiénes se quedan en ella y quiénes no, qué cosas vas a seguir haciendo y cuáles no. Vamos a asumir, no, mejor vamos a comprometernos, de lleno, con la convicción, de que tú estás al mando, de que tú eres la protagonista, de que tú eres más fuerte, más inteligente, más capaz, más íntegra, de lo que pensabas hasta este momento, y que realmente quieres salir adelante; más aún, que quieres ser feliz.

La felicidad y la libertad empiezan con la comprensión clara de un principio: algunas cosas están en nuestro control y otras no. Solo después de que hayas confrontado esta regla fundamental, y aprendido a distinguir entre lo que puedes y no puedes controlar, la paz interior y la efectividad exterior se volverán posibles.

Epicteto

Ahí comenzamos, en poner atención. Una vez que lo logres, que respires, que te calmes, y que de verdad estés dispuesta a ver, entonces vuelve al inicio de todo. Cambia lo que puedes cambiar, y lo que no déjalo ir. Las circunstancias no están bajo tu control, las decisiones de otros tampoco. Tu infancia, lo que otras personas piensan de ti, cómo te perciben o lo que hacen con lo que tienen. Vuelve al centro, vuelve a ti. Empieza por lo que tú puedes cambiar.

Trabaja tus duelos. Diario. Cada cosa que cambias, cada pieza que mueves, produce una pérdida, pequeña o grande. Acéptalo, así es. Ve a lo que sigue.

Se amable, buena, paciente y amorosa.

Y también valiente, constante, honesta y poderosa.

Vuelve al presente. Lo que pasó, pasó. Lo que viene, vendrá. Tu mantente firme aquí, en el ahora, porque es en este momento en el que tomas decisiones y en el que actúas, de modo que más te vale estar enfocada y tener presencia. No hay más. Es lo que hay, es donde estás. Un paso puede parecerte pequeño, poca cosa, pero es justo un paso, uno a la vez, y luego otro, en un ritmo constante, sin detenerte, lo que te lleva adelante. Por eso debes dejar de intentar cambiar cuando lo tienes todo listo, acomodado y claro; cuando tienes todo lo que necesitas. Mejor empieza por pequeños movimientos, pequeños esfuerzos, y conforme más consciente estés, más conocimiento tengas, más fortaleza poseas, podrás recorrer distancias más lejanas. Es mejor un poco de algo que mucho de nada.

Deja de decir que no eres suficiente. Sí, sí lo eres. Tienes defectos, como cualquier otra, pero también tienes fortalezas, es solo que no te has dado cuenta o no les has dado su correcto valor. Usa lo que tienes, porque tus valores, principios y fortalezas son las herramientas que usarás para cambiar y para controlar lo que está en tus manos. ¿Necesitas más? Seguro que sí. Para eso es este libro, ¿sabes?, para que obtengas herramientas nuevas. Vamos a por ellas, y por todas las que necesites, en todo libro, curso, conferencia, vídeo o entrenamiento que haga falta. ¿Has escuchado ese dicho de que el maestro aparece cuando el alumno está listo?

Ese eres tu, el alumno, y *estás lista*. El maestro es la vida, toda la vida, cada cosa que te pasa, justo ahora. Pon atención, por dios, pon atención, y aprende. No has venido aquí a ser un éxito, has venido a prosperar, y a ser feliz.

Siempre hay algo distinto que puedes hacer, algo nuevo que aprender, una elección más adecuada que tomar. Que te conformes, ese es el problema.

Responsabilidad radical: la voluntad de actuar, de forma consciente, haciéndote cargo de tu vida, tus elecciones, y de las consecuencias que se desprenden de todo ello. Tú estás al mando, nadie más.

Sé radical, querida lectora. Sé radical. Porque si no es en este momento, entonces ¿cuándo? Si no eres tú, entonces ¿quién?, y si no es valioso, entonces ¿por qué lo sigues haciendo?

Ve allá afuera y busca significado, busca qué es lo que hace valiosa tu vida, y cuando lo encuentres, úsalo. El valor y el significado, el propósito y el para qué es lo que te hace fuerte. Es tu piedra angular, tu brújula infalible. Tu honor. No te preocupes. A todos nos dejan, nos rompen el corazón, nos despiden, nos roban, nos quitan lo que se supone que es nuestro.

No se trata de ganar, se trata de vivir. No se trata de poseer, se trata de vivir. No se trata de que las cosas sean como quieres, se trata de vivir. No se trata de ser-un-éxito...

Se trata de vivir.

4

Sí: a la gente buena le pasan cosas malas

Las circunstancias no hacen al hombre, simplemente revelan
su interior.

EPICTETO

¿Dónde estabas tú cuando yo fundaba la tierra? Házmelo
saber, si tienes inteligencia.

LIBRO DE JOB, 38:4

Paulina lo estaba pasando bien. Por fin, después de bastante tiempo, se sentía a gusto. La economía no estaba mal, pues había logrado un mejor puesto en su trabajo y eso la acercaba definitivamente
a una estabilidad ganada, y deseada, después de mucho esfuerzo.
No tenía pareja, pero eso no le molestaba porque se había pasado
unos cuantos años en psicoterapia y, gracias a eso, había conseguido por fin superar el dolor que le había provocado su divorcio y un
par de roturas de corazón posteriores. Con los amigos todo estaba
en orden, así como en casa, con sus padres, con quienes llevaba la
mejor relación posible; había amor y vínculo. Eso bastaba.

Sí. Todo estaba bien. Por fin, el inicio de una próspera etapa en su vida.

Hasta que se presentaron los síntomas.

Hasta que su salud, y luego el mundo, pareció que le daban la espalda.

Primero vinieron las hinchazones. Un día estaba en el trabajo y una compañera, viéndola con cierta preocupación, le comentó que se veía «super hinchada». Paulina no prestó demasiada importancia. Al fin y al cabo no era la primera vez que le pasaba, y seguramente debía ser provocado por el estrés. Promociones laborales también implican quedarse muchas más horas de las necesarias en la oficina, ¿verdad?

Luego vino la falta de aire: la inflamación era tan severa que le costaba trabajo respirar. Los pantalones le apretaban, las blusas no ajustaban. ¿Aumento de peso? «Imposible —pensaba—. Sigo comiendo igual que siempre.» Y el dolor… ese dolor. General, sordo, extendido a todo el cuerpo. Constante. Inexplicable.

Durante algunas semanas intentó seguir como si nada, inflamándose y desinflamándose sin motivo, hasta que un día, cenando con sus padres, las señales de alarma fueron demasiadas. El sofoco se volvió más severo, acompañado de un ardor estuoso en la boca del estómago. Dolía tanto que era imposible insistir en que se trataba de una indigestión o una alergia, así que no hubo otra opción que acudir a emergencias. Los tratamientos habituales no disminuyeron el dolor ni la inflamación general, así que se practicaron estudios. Durante la endoscopia su garganta fue cerrándose tanto que terminó desmayándose, pero no antes de escuchar la alerta del monitor cardiaco volviéndose loca.

¿Diagnóstico? Incierto. Los médicos ignoraban qué le había sucedido. Eso sí, ahora Paulina estaba tomando un ejército de medicinas, tenía cita con un psiquiatra, y al parecer sus malestares estaban provocados, efectivamente, por el estrés. ¿Qué otra cosa podía ser? Estrés. Claro. Qué conveniente. Solo que no era verdad. Dos meses después tuvo otra crisis; parecía haber subido diez kilos de peso en apenas 24 horas, y los dolores le atacaron con más fuerza. Las medicinas no funcionaban, las intervenciones tenían un efecto meramente paliativo, y las visitas al hospital se volvieron frecuentes.

Pasaron dos años. Casi 730 días padeciendo síntomas, navegando hospitales, consultando doctores, recibiendo diagnósticos equivocados, hasta que por fin un hematólogo redujo las opciones a tres escenarios funestos: cáncer, leucemia, o, por incierto que pareciera, una enfermedad autoinmune. Paulina se sentía fuera de todo control de su vida, confundida, profundamente angustiada, y lastimada. «Todo estaba bien —pensaba—. Todo estaba fenomenalmente bien. ¿Por qué está pasando esto? No es justo, no se vale.»

Al final, se logró un diagnóstico… pero no una cura: síndrome de hipereosinofilia idiopática. Se trata de una enfermedad autoinmune caracterizada por una elevación persistente en el conteo sanguíneo de eosinófilos[2] ($\geq$ 1500 eosinófilos/mm^3), durante al menos seis meses sin que haya alguna causa reconocible y con evidencia de que el corazón, el sistema nervioso o la médula ósea estén afectados.[3]. No le mataría, al menos no enseguida, pero sí que le haría pasar años de profundo malestar. Además, solo hay un tratamiento efectivo: cortisona. De por vida. Alivia los síntomas, efectivamente, y a partir de ese punto Paulina logró encontrar no solo respuestas

2. Tipo de célula inmunitaria que tiene gránulos (partículas pequeñas) con enzimas que se liberan durante las infecciones, las reacciones alérgicas y el asma. Un eosinófilo es un tipo de glóbulo blanco y un tipo de granulocito. Diccionario de cáncer. (n.d.). Véase en: <https://www.cancer.gov/espanol/publicaciones/diccionario/def/eosinofilo>.

3. Síndrome hipereosinofílico. (3 de agosto de 2019). Véase en: <https://es.wikipedia.org/wiki/Síndrome_hipereosinofílico>.

definitivas, sino un respiro. Pero la cortisona no es magia, de ningún modo. Probablemente sea al revés, porque los efectos secundarios que habrá de padecer, casi de forma inexorable, parecen a veces peores que la hipereosinofilia: aumento de peso, osteoporosis, cataratas, pérdida de cabello, debilidad y depresión, entre muchos, muchísimos otros. Nada era como antes, y nunca volvería a ser.

La pregunta que permanece en el aire, después de todo, es una y simple. Nos la hemos hecho siempre, y no tiene respuesta certera: ¿por qué le ocurren cosas malas a la gente buena? Al fin y al cabo, como pensó Paulina, No es justo. *No se vale*. No, al menos, cuando hemos sido buenas personas, cuando no hemos hecho daño a nadie. Cuando pagamos nuestras cuentas, trabajamos sin parar y nos portamos bien.

La cuestión es que la justicia nada tiene que ver con las cosas que nos ocurren en la vida. Ni la suerte, o el dios de tu preferencia. Ser bueno o malo, menos. Las cosas pasan. Simplemente pasan. Te pasan a ti, me pasan a mí, y a todas las personas que amas o has amado. Un día estás arriba, y al siguiente, todo explota, y pareciera que lo único que te queda es recoger los pedazos.

Cómo lo hagas… en realidad, la actitud, la disposición, y el espíritu con que lo hagas, configurará tu futuro. Así que hazlo tan bien como puedas.

Primero, intenta entender esto por favor: el universo es neutral. No tiene una agenda en contra o a favor de nadie. Nada de lo que hace es personal, ni tiene la intención de hacerte sufrir. Decretar de forma dogmática, mecánica, cuasi religiosa, no hará que conspire a tu favor, así como negarte a dedicarle un solo pensamiento durante todos tus días, no hará que las cosas empeoren. Se trata de física y química, tan simple como eso. De causa y efecto. Poniéndolo en metáfora: de tratar de maximizar los resultados para el mayor número de individuos posible en el vasto universo, del cual nosotros somos solo apenas una mota de polvo. Siete mil millones de seres humanos, de personas, solo aquí en la Tierra, e incrementándose. Súmale todos los demás seres vivos, que también sufren y prosperan, bajo el tenue y frágil equilibrio que ofrece nuestro planeta, y podrás hacerte una idea de qué poco control tienen tus creencias, o tus expectativas, sobre algunas de las cosas que te pasan. La vida simplemente ocurre, punto, y si, a veces será favorable para ti, y a veces no. ¿Suerte? De ningún modo. ¿Probabilidad? Sí, un poco.

Consecuencias, más bien. Estás vivo, ¿te has dado cuenta? Efectivamente, si estás leyendo este libro, donde sea que estés, aquí y ahora, estás vivo. ¿Sabes lo que eso implica? Claro que sí, ya llevamos cuatro capítulos diciéndolo: que vas a morir, que vas a enfermar, que vas a tener problemas. «¿Por qué?», dices. Es simple: estás sujeto a las mismas reglas y posibilidades que todos los demás. Para ganar debes perder. Para vivir debes morir. Posees un cuerpo compuesto de células, cambiando a cada segundo, y habitas en una realidad que se transforma a cada paso que das. La transformación, el vaivén, es la norma, no la estabilidad, no el aburrido e insípido control en el que crees que debes estar todo el tiempo para tener las cosas que quieres y ser feliz. Perder, es apenas una consecuencia de algo bien simple; del hecho de que estás jugando. Sí, así, participando en este juego cósmico que se llama vivir, que como tal, a pesar de que una de sus condiciones es que debes jugar con todo tu empeño, fuerza y estrategia, no existen garantías. Debo insistir: la justicia nada tiene que ver con esto. Las cosas son como son.

Segundo, que así como Paulina tuvo que entender que debía trabajar su duelo, y que habría de ponerse en el centro del problema (ya leíste sobre ambas cosas) así tendrás que hacer ahora tú. Ya lo sabemos, no escogiste las cosas que te ocurren, pero ten por seguro que algunas de ellas serán consecuencias de decisiones pasadas, aun si las tomaste hace mucho tiempo y ni las recuerdas; otras serán producto de las personas con las que te relacionas —y seguro que, en su mayoría, provocadas sin mala intención genuina—; bastantes más del entorno en el que vives, y otras, aunque sean pocas, tendrán su origen en tu genética y en miles, miles de cosas más que no puedes ni intuir. De modo que ahora lo que corresponde es tomar responsabilidad; dejar ir lo que querías que fuera, para ponerte manos a la obra. La buena vida que te espera no será el producto de la fortuna sino de tu inteligencia, tu trabajo y tu ahínco. Cambia la actitud, cambia las palabras que te dices; rebélate ante el sinsentido y ve allá afuera a encontrar el propósito de todo esto. Que el dolor que está partiéndote en dos no sea en vano. ¡Pelea!

Pero ¿pelear? ¿Pelear cómo? Muchos de nosotros no somos soldados, ni estamos entrenados, además no nos interesa el combate o la confrontación. Y como confesó Christopher Hitchens en su obra póstuma, aquella que escribió justamente haciendo frente a un terrible cáncer esofático que habría de acabar con él, «… mientras el saco de veneno gradualmente se vacía en tu cuerpo [quimioterapia], la imagen del soldado o el revolucionario es la última que se te ocurre. Te sientes inundado de pasividad e incapacidad: te disuelves en la impotencia como un terrón de azúcar en el agua».[4]

«Pelear —piensas—. No quiero pelear. Quiero estar en paz. Quiero ser feliz. Quiero mi vida de vuelta.»

Esa es la tercer cosa que habrás de entender, que a veces no podrás «tener tu vida de vuelta». Los que mueren no regresan, tu cuerpo cambia, no vuelves a ser contratado por la misma empresa; los bienes que pierdes no regresan y, sobre todo, el reloj nunca da marcha atrás. En su momento, Paulina se dio cuenta, pero se resistió cuanto pudo, pues odiaba la perspectiva de cuánto habría de transformarse su existencia y más aún ella misma. «Es innegociable

---

4. Hitchens, C., *Mortalidad*, Random House Mondadori S. A. S., Colombia, 2012.

—insistí en terapia un día—. No tienes realmente una opción. Estás frente a un estado de transformación contundente, radical, y si has de prosperar necesitas aceptarlo... no conformarte, no. No bajar la cabeza en rendición, pero sí adaptarte. Usar esa humildad que aprendiste a practicar años atrás, durante tu divorcio, sumada a la valentía que te obligó a ponerte de pie para, entre las dos, encarar la realidad, objetiva, y tomar lo que hay. Amar tu cuerpo como es, con sus fallos, tus días como son, con sus impedimentos, y tu ser como es, perfecto, aun en la enfermedad, para hacer algo bueno con ello. No eres la misma, ni lo serás, pero no necesitas que así sea. Lo que necesitas es no dejar de moverte, nunca. Aceptación, como eres, como estás. Eso es amor propio.»

Imagínate, justo ahora, con las llaves de tu casa, o de tu automóvil, en tu mano derecha (es más, si es posible ve y tómalas). Cierra la mano, aprieta. Sí, eso es, aprieta con todas tus fuerzas. ¿Ya te duele? ¿Sientes cómo el metal se va clavando poco a poco en tu piel mientras más presionas? Es molesto. Ahora por favor usa tus músculos y voluntad en la dirección contraria. Disminuye el agarre. Suelta, relaja. ¿Lo sientes? Ya no duele. Pero espera, no relajes tanto que las llaves se te caigan de las manos, solo lo suficiente para que las puedas sostener ahí, entre tus dedos, y usarlas.

Eso es aceptar, y no puedes hacerlo a medias. No puedes intentar aceptar —porque si lo estás intentando entonces realmente no estás aceptando, ¿o sí?—. O lo haces, con integridad y congruencia, o no. Es solo que para aceptar no es necesario que te esfuerces más, eso viene después. Para aceptar te relajas, te sueltas, te dejas ir; suspiras, exhalas, renuncias al control. Solo entonces ocurre algo extraordinario: te haces consciente de lo que hay, te das cuenta de lo que tienes, y entonces lo usas para ir allá afuera y buscar la vida nueva que quieres. Al relajarte entiendes que habrás de dejar ir lo que ya no puedes tener —para empezar nunca fue tuyo—, y al aceptar las cosas como son tienes la oportunidad de tocar tierra firme, por primera vez desde que empezó el quebranto en que te encuentras, y a partir de ahí trabajar. Para, efectivamente, pelear. Sin armas, sin explosivos, sin violencia incluso, pero sí con espíritu, corazón y convicción.

El dolor es y siempre será un inconveniente, pero aquellos que pueden verse a sí mismos como guerreros —espirituales, si quieres, o de la vida—, son capaces de entender que el malestar, la vergüenza, el enojo y, sobre todo, el miedo, por más desagradables que sean, también pueden enseñarnos el camino que debemos seguir y aquello que debemos enfrentar. ¿Has escuchado esa frase que asegura, tajante, que aquello que temes hacer es justo lo que necesitas para cambiar? Pues es cierto. El miedo al dolor es natural, y si le prestas demasiada atención va a detenerte. Mejor acepta que el dolor es un mensajero que habrá de enseñarte con tremenda claridad exactamente dónde estás obstruido y qué es lo que necesitas hacer para superar ese obstáculo.

Exacto. Se trata *justo* de lo que no quieres hacer.

Pensar que las personas valientes no tienen miedo es un error. Más bien, han aprendido a establecer una relación con el miedo.

Así es. Establecer una relación. Como dicen los budistas: han aprendido a tomar té con el demonio. Lo ven a los ojos, estorboso como es, taimado y retorcido, y le sonríen. Al fin y al cabo, tiene tanto poder sobre ti como atención le pongas y validez le otorgues. Sé más inteligente. Mucho-más-inteligente.

Haz un pacto con la vida, un nuevo pacto, incluso con la tragedia si quieres, pero haz las paces querido lector. Con la vida, con el tiempo, con tu cuerpo, con el dolor, que va a pasar, y con la alegría, que va a volver. Pero para que pase, te necesitan activo, presente y dispuesto.

Aprende de tus errores, minimiza los obstáculos y las caídas comprendiendo activamente cómo funciona el mundo y usando ese conocimiento para planear tus siguientes movimientos; adáptate a las reglas de la naturaleza con relajación y serenidad, para luego empujar con todas tus fuerzas una vez que hayas determinado un destino, una vía y un vehículo. Y si todo falla, si a pesar de todo el planeamiento, análisis y corazón, las cosas no funcionan, vuelve a empezar. A veces nada cambia el hecho de que las cosas no funcionan como quieres, pero tampoco se reducirá tu convicción, si así te empeñas en mantenerla. Vuelve a empezar, tantas veces como sean necesarias. ¿Acaso tienes algo mejor que hacer?

Por último, ten presente que por más atractiva que sea la idea de que a la gente le pasa lo que se merece, por más conveniente que parezca intentar forzar sentido al caótico mundo y sus experiencias a través de explicaciones simplistas como «es mi culpa, lo tengo bien merecido, se trata de un castigo», es un error. Genera culpa donde debería haber compasión, ira donde debería haber compostura, y no abona a tu recuperación. Si hay un dios, créeme, no disfruta con tu sufrimiento. Seguro que le duele igual que a ti. Y si no lo hay y estamos solos aquí, tampoco sirve para nada convertirte en tu propio juez y perseguidor. Eso ni explica la maldad del mundo ni el sufrimiento, solo te vuelve necio y te mantiene asustado, convencido de que eres impotente, víctima de las circunstancias. Hay maldad porque hay bondad, punto. Porque somos libres, porque podemos escoger, y porque unos eligen un camino y un conjunto de estrategias, en lugar de otro.

¿Cuál vas a elegir tú?

«Esto es lo que significa crear —insiste Harold S. Kushner—: no generar algo de la nada, sino hacer orden a partir del caos. Un científico creativo o un historiador no inventa hechos sino ordena hechos; ve conexiones entre ellos en lugar de asumirlos como datos al azar. Un escritor creativo no inventa nuevas palabras sino acomoda palabras familiares en patrones que nos dicen algo fresco.»[5]

Crea tu percepción, crea tu juicio, crea tu identidad, crea tus fortalezas. Ordena el caos, una y otra vez, hasta que tenga sentido. Toma lo que hay y crea. Si no puedes cambiar lo que es, entonces por dios mismo, por tu vida y por todo aquello que valoras, ve allá afuera y crea algo bueno para ti.

Antes de irnos, una nota más sobre Paulina.

Hace unos meses, cuando aún no estábamos en cuarentena, nos encontramos en un curso sobre fortaleza que dicté no muy lejos del estudio en el que escribo estas palabras —hace ya bastante tiempo que la di de alta—. En una de las reflexiones pedí a los asistentes que contestaran, con una sola palabra, y sin pensarlo demasiado, a la pregunta ¿qué soy?

En el descanso nos saludamos, con una taza de café cada quien.

«Hace años —me dijo, sonriendo de una manera diferente a lo que había visto en el pasado, mucho más madura y compuesta— habría escrito "un fracaso". ¿Quieres saber qué puse ahora?»

Asentí.

«Una Guerrera.» Me lo enseñó, y abajo había el dibujo de un águila, con las alas abiertas.

Digna, orgullosa, honesta. Con hipereosinofilia idiopática... pero feliz. Completa.

Al final, *todo estaba bien*, otra vez.

---

5. Kushner, H. S. (2004). *When Bad Things Happen to Good People*. Random House Inc.

5

Tú no eres tus emociones

No dejes que la fuerza de una impresión, cuando te impacte,
destruya tu buen juicio. Solo di: «Espera un momento, déjame
ver qué eres y qué representas, y así te pongo a prueba».

EPÍCTETO

Los seres humanos somos animales que sienten, y sienten mucho.
Las emociones son lo que utilizamos para encontrar nuestro camino en el mundo o para establecer relaciones con todo y todos los
que nos rodean. Sin ellas estamos desarmados, o peor aún, iríamos
a ciegas, sin entusiasmo ni perspectiva. ¿Te han dicho alguna vez
que no seas tan emocional?, ¿que mejor pienses y seas racional? Sí,
a mí también. Y lo intenté, de veras que sí, pero eso no salió muy
bien. ¿Saben por qué? Es bastante simple.

Es imposible controlar las emociones.

Así, completa, total y absolutamente imposible. El mero uso de
una aparente lógica, por más potente que sea, no va a ponerlas bajo
control. Por más que se esfuercen, una vez que aparece una emoción habrá de seguir su curso, de principio a fin, y nada podemos
hacer al respecto. Se las puede reprimir, eso sí, e ignorar. Se las
puede tratar de sepultar o devaluar, pero es inútil, incluso pernicio-

so. Las emociones no están diseñadas para ser un estorbo. Por el contrario, son mensajeras dinámicas que intentan ponernos sobre aviso, movilizarnos a la acción y al cambio, y como tales no están dispuestas a ser silenciadas.

Antes de que empieces a protestar que no estás de acuerdo, espera un poco. Una vez que entiendas qué son las emociones y para qué sirven verás que es una buena noticia que no se les pueda controlar. Y por otro lado, también entenderás que el secreto no está en controlar sino en *reajustar*. Sí, son operaciones diferentes, tanto como ordenar a tu perro que se siente pegándole un grito o enseñarle a hacerlo con paciencia y atención.

Dime algo, ¿tienes alarma en tu casa o en tu negocio? ¿O en la oficina en la que trabajas? Ya sabes, de esas que tienen un panel central con teclas numéricas cuyo código hay que oprimir antes de entrar o de lo contrario se dispara el mismo infierno y llegan miles de patrullas dispuestas a llevarte a la cárcel. ¿Sí?, bien. Ahora dime, ¿ya has publicado el código en cuestión en una cartulina fuera de la casa, para que todo mundo lo tenga? ¿No? Claro, porque eso implicaría que cualquiera podría apagar la alarma y entonces el recinto quedaría vulnerable al ataque de un intruso, ¿cierto? Es muy obvio, y la pregunta, casi absurda.

Bien, pues tu cerebro hace lo mismo contigo: simplemente no va a darte el código para apagar tus emociones, punto. Es antiseguro para ti. La naturaleza sabe que si estuviera en tus manos apagarías a voluntad las emociones para no sentir, y eso es algo que simplemente no se puede permitir. Así que no, no te da ni te dará el código. Vamos, es posible que ni siquiera exista uno como tal.

Cuando vas conduciendo por carretera y rebasas los 200 km/h y un respingo en el estómago te sugiere que disminuyas la velocidad, eso es una emoción. Cuando vas a salir de casa, de pronto hueles algo raro así que regresas y te das cuenta que una llave del gas estaba medio abierta, eso que te detuvo, llevándote a verificar, es una emoción. Cuando alguien te aprieta la mano y tú suspiras, aliviado, porque entiendes que no estás solo, una emoción, y cuando levantas la cabeza después de un golpe vil, cierras el puño y dices «No más», dispuesto a pelear por dignidad, justicia y valor..., así es: emoción.

Etimológicamente la palabra «emoción» proviene del latín *emotĩo, -ōnis*, que significa «movimiento». En específico, un «movimiento hacia fuera». Regidos por la mera interpretación etimológica, emoción significa aquello que *moviliza*, aquello que *motiva*. Las emociones son alteraciones súbitas, repentinas, intensas y pasajeras del equilibrio entre tu cuerpo y mente, puestas ahí para llevarte a la acción. ¿Cuántas son?, pocas y específicas. La investigación científica[6] está de acuerdo con que las emociones básicas son cinco, y las compartimos con prácticamente cualquier animal que tiene sistema nervioso, sobre todo con los mamíferos. Así es, el perro o gato que está ahí a tu lado, justo ahora, experimenta las mismas emociones que tu: miedo, enojo, tristeza, alegría y asco (o desagrado).[7]

Realmente todo lo que sientes, por complejo y profundo que parezca, puede reducirse a alguna de estas cinco partículas elementales. Si has sido agredida y necesitas defenderte, experimentarás enojo; si has perdido algo, tristeza; si te ocurre algo agradable que necesitas atesorar, alegría; ante la anticipación de un peligro, miedo; cuando entras en contacto con algo tóxico, que puede dañar tu salud, asco.

---

6. Ekman, P., y Friesen, W. V., *Unmasking the face: a guide to recognizing emotions from facial clues*, Cambridge, MA, Malor Books, 2003.

7. De hecho, si vieron la película *Del revés* (*Intensamente* en México) Disney /Pixar (seguramente lo habéis hecho, y si no, ¡vayan y véanla!) ubican estas emociones básicas perfectamente. Docter, Pete, *Inside Out*, Walt Disney Studios, Estados Unidos, 2015.

¿Entiendes ahora por qué no puedes controlarlas? Porque si lo hicieras, te estarías perdiendo de un riquísimo y fundamental mundo de sensaciones, puestas ahí para que el mundo a tu alrededor adquiera color y sabor, pero sobre todo pasarías por alto los mensajes que tu cerebro te envía para que hagas algo específico y muy necesario: moverte. ¿Sin las emociones, qué razón podríamos tener para vivir y qué sentido tendría hacerlo? El problema, y tal vez ya lo intuyes, es que las emociones no siempre parecen agradables. De hecho, ¿te diste cuenta que de cinco, solo la alegría cae bien? Se trata del sistema de seguridad de la naturaleza y tu cerebro, al cual no le interesa que seas feliz; le interesa que sobrevivas.

Al que le interesa ser feliz es a ti, así que más vale que aprendas cómo hacerlo, aun si en este momento te encuentras atravesando el túnel y no tienes ni idea de cómo salir de él. «¡Despierta! —grita tu cerebro—. ¡Despierta y haz algo!»

El problema no son las emociones como tal, sino la interpretación que haces sobre ellas. Para empezar, las emociones no son ni buenas ni malas, y solo parecen agradables o no porque tú las etiquetas de ese modo según cuán convenientes o no te parecen en el momento. La tristeza es dolorosa, te hace sentir vulnerable, por eso te molesta, y el miedo, con su angustiosa prisa porque despiertes y pongas atención, es incómodo. Así que intentas controlarlos; apretar las manos y los dientes, profiriendo una orden contra tu sistema emocional, que no está haciendo otra cosa que su trabajo. No, no, el problema no son las emociones, sino tus juicios, tu apego a una estabilidad y seguridad permanente que en realidad no necesitas y la falta de objetividad con la que estás mirando al mundo.

Murió la persona que más amas: deberías sentir tristeza.

Estás a punto de cambiar de país de residencia: deberías sentir miedo.

Fuiste objeto de un maltrato sistemático durante años: deberías sentir enojo.

Estás atravesando una tragedia, o intentando salir de ella, así que deberías cambiar, deberías estar dispuesta a modificar tu entorno y a ti misma. Deberías estar llena de emociones. Pero también debes ser objetiva, entiéndelo de una vez. Enfrentar tu mente y tu cuerpo al entrenamiento necesario para dejar de invertir la energía necesaria que evita que sientas y hacer lo correcto para ti una vez que las emociones han venido hasta aquí a traerte su mensaje.

Siente. Siente, por dios, y siente mucho. Ábrete a las emociones. Llora, grita o guarda silencio, pero luego quédate quieta, respira con calma y enfoca tu mente. Respira de nuevo, regulando el ritmo, cada vez más despacio, y abre tu conciencia, abre tu pensamiento; despréndete de la necesidad de tener todo bajo control. Mejor, piensa, y piensa bien, porque lo que piensas sobre la situación y las emociones que provoca es lo que importa. Que tengas miedo no quiere decir que es el fin del mundo, y que te duela como nada te ha dolido antes no significa que permanecerás en duelo para siempre. El sufrimiento no lo provocan las emociones sino tu negativa a sentirlas y luego hacer algo al respecto.

Ajustar y reajustar. Esa es la clave.

Alterar ligeramente algo, o moverlo, para poder lograr un acomodo o calibración necesaria y así llegar a un resultado deseado. ¿Cuántas veces? Las necesarias.

El secreto es este: lo que mueves de lugar no son las emociones. Quien se mueve de lugar eres tú. Lo que ajustamos es nuestro pensamiento, porque ese es el que transforma a una emoción en un estado de ánimo.

Ocurre un evento, así que sientes algo, es natural. Conforme pasan los minutos, la emoción tiende a disminuir en intensidad y duración, pero luego tienes un pensamiento, una convicción. «Esto está mal, esto no debería estar pasando, es horrible, no tiene solución», y las emociones se disparan de nuevo. No porque ha vuelto a ocurrir aquello que te duele o asusta, sino porque insistes en apegarte al control. «No quiero, no es justo, lo odio, o los odio a ellos, ¡o me odio a mí misma!», y vuelve la emoción, una y otra, y otra vez, sin parar. ¿Entiendes ahora por qué tu perro es capaz de sentir miedo cuando escucha un ruido que no entiende y luego, cuando se pone a salvo, vuelve para verte y mueve la cola como si no hubiera pasado nada? Porque no se engancha a sus pensamientos, a sus percepciones y a sus juicios; mucho menos a sus pertenencias. Porque ajusta su conducta a lo que siente, hace algo al respecto, y luego sigue adelante. Porque no se autoderrota con prejuicios o predisposiciones catastróficas. Porque no tiene ego.

Pero tú si. Así que entrena a tu mente y a tu cuerpo para ajustar las demandas de tu ego, no para controlar tus emociones. Deja de perder tiempo y energía imprescindible para librar la batalla de la vida en no sentir, o en sentir solo lo que te gusta, y en cambio emplea ese poder en observar tu ego, hacerte consciente de él y aprender a contenerlo. Tú tienes emociones, no eres emociones. Tú sientes tristeza, y miedo, y enojo, y asco, y alegría, pero no eres ninguna de ellas. Tú experimentas dolor, pero no eres dolor. Tú sientes cólera, pero no eres cólera. Así que recibe el mensaje, siéntelo, y en lugar de hacerlo gigante con tu sinnúmero de tensiones, intenta relajarte y hacer algo al respecto.

Aprende a usar tu mente y consciencia para debatir tus afirmaciones totalitarias y autodestructivas. No es siempre, no es nunca, no es terrible, no es mortal. Solo es lo que es, como es, y por eso te hace sentir. Casi sin importar de lo que se trate o te haya ocurrido, se trata de una afrenta a tu comodidad, tu control y tus expectativas, no a tu vida. No vas a morir de esto. De otra cosa, tal vez. Pero no de esto. No aquí, ni ahora.

Ahora lo que vas a hacer es sentir. Hacer una pausa, ¿por qué no? Sentarte un rato, bajar el ritmo, entender el mensaje, y luego seguir. Siente y trabaja, trabaja y siente. ¿Acaso no se trata todo de eso?

Llena tu mente y tu pensamiento de positividad y optimismo, pues serán esas actitudes las que usarás para interpretar tus emociones desde la lente de la posibilidad, el cambio o desde la perspectiva de la derrota y el fracaso. ¿Cómo? Practicando a diario. Observando tu pensamiento a diario. Regulando, ajustando, reajustando... a diario.

Aun cuando no tienes problemas inmediatos, es igual. Construye el hábito de observar las cosas desde múltiples perspectivas, de debatir tus convicciones, de dudar de tus dogmas. Construye el hábito de romper tus apegos, poco a poco, uno a uno, para que cuando vengan las emociones —y vendrán— puedas darte cuenta de que son tus aliadas, no tus estorbos.

¿A tu cerebro no le interesa que seas feliz? Claro que no. Le interesa que sigas viva y sana, a ti también, por eso no quiere que sigas malgastando el tiempo haciendo cosas que no te llevan a nada, por eso quiere sacudirte hasta el núcleo mismo de tu ser. La cuestión es ¿cuál será la calidad de tu vida? ¿Qué vas a hacer con los días que aún te quedan? ¿Qué vas a hacer con ese portentoso aparato mental que se te ha dado? Es simple: crear posibilidades o sufrir tormentas generadas por tus apegos.

Mejor crear.

6

Recobra la palabra: el lenguaje y la historia

Eres al mismo tiempo el fuego y el agua que lo extingue.
Eres el narrador, el protagonista y el compañero.
Eres el escritor y la historia que se cuenta.
Eres el algo de alguien, pero también eres tu propio tú.

JOHN GREEN

El mundo cambia desde el momento en que uno habla,
y se puede cambiar al mundo hablando.

BORIS CYRULNIK

Pero para crear es importante que primero aprendas a utilizar el lenguaje de manera saludable y productiva. Es momento de aprender a ser un buen narrador.

¿Te has dado cuenta de que piensas en palabras? ¿Y que esas palabras en tu mente casi siempre se ajustan a las reglas gramaticales del lenguaje primario que aprendiste a usar? ¿No? Pues pon atención a partir de este momento, porque es verdad.[8] Tu cerebro, una vez que aprendes de forma intuitiva los primeros vocablos —durante bastante tiempo solo escuchando, después hablando y, por último, escribiendo—, estructura todo lo que te ocurre y después lo reflexiona, siguiendo pautas muy semejantes a las que te ciñes cuando tratas de comunicarte (justo como lo estamos haciendo en este momento, a través de la página escrita), acomodando ideas, juicios, conceptos, acciones, recuerdos, prospecciones, personas, sentimientos, emociones, y mucho más, de una forma coherente que le dé sentido al aparente caos que te rodea en cada momento y, sobre todo, al que se manifiesta de vez en cuando en tu interior. La cuestión es que, conforme mejor te vuelves en el arte de tejer tus pensamientos en un lienzo, no solo lógico sino positivo, conducente al bienestar y a la fortaleza, el ajuste y reajuste de tus emociones se vuelve más fácil, y por ende ocurre lo mismo cuando de reponerte del dolor y la desgracia se trata.

Uno de los secretos más potentes de la recuperación está en la narrativa, así que tienes que estar dispuesto a convertirte en el mejor cuentacuentos que te sea posible. Uno que no altera la realidad para ajustarla al capricho o las necesidades —es decir, que se engaña a sí mismo—, pero que sí es capaz de tomar esa realidad, cruda como es, y cobrarla de sentido en una representación comprensible, conferida de significado y propósito. Con la palabra, podemos hacer que la desgracia se convierta en una historia, en un qué y para qué.

Definir consciencia, así en términos operativos, científicos, es prácticamente imposible, pero sí que podemos decir que cuando alguien es capaz de reflexionar sobre sí mismo, sobre la propia menta-

---

8. Dove, G., «Thinking in Words: Language as an Embodied Medium of Thought», *Topics in Cognitive Science*, 6(3), pp. 371–389, 2014.

lidad, sobre qué se siente ser yo, sobre las propias motivaciones, y, especialmente, responder las preguntas: «¿Quién soy?», «¿cuál es mi propósito aquí?», estamos hablando de alguien que ha logrado transformarse en un verdadero ser humano, capacitado para reflexionar y hacerse consciente; de alguien que puede no solo autoanalizarse sino autodefinirse. Una persona genuina que construye su identidad a partir de sus convicciones y experiencias, y no como un accidente; como un resultado a las expectativas y deseos a semejanza de alguien. La consciencia da autonomía, y la autonomía la posibilidad de elegir, cambiar y crecer.

Experimentar emociones, lo hemos visto ya, significa que cuerpo y mente reaccionan ante aquello que nos ocurre, sumado a nuestro clima interior, además de nuestro mundo de percepciones, ante lo cual no podemos hacer nada al respecto. Sentimos y ya. Pero ¿cómo tendremos que interpretar esas emociones, y los cambios que generan dentro de nosotros? Más aún, ¿cómo tendremos que definirnos frente a ellas? Podemos hacerlo como víctimas, o presas, asumiendo un rol pasivo, requiriendo, *suplicando*, un rescate. O definirnos como perseguidores o agresores, cediendo a la furia y convenciéndonos de que toda compasión, generosidad y gratitud son estúpidas, pues nos han herido, hemos perdido, y debemos restituir la ofensa. O podemos definirnos como combatientes, luchadoras, personas de honor, decididas a no ceder nuestra dignidad ni a rendirnos sin intentar prosperar. Todo depende, en realidad, de cómo organicemos nuestras ideas y nuestro discurso, frente a la adversidad. De qué personaje hayamos de escribir para esta historia en particular; la historia de tu vida y, muy en particular, la historia de tu recuperación, de tu ascenso, de tu renacimiento a partir de las cenizas del dolor. La desgracia que enfrentas es un hecho real, inapelable, imposible de interpretar. En quién te conviertes frente a ese hecho real, cómo actúas ante él, qué significa para ti, cómo se vuelve parte de tu identidad, ahí es donde tú eres el cuentacuentos, ahí es cuando usas el lenguaje, ahí es donde asumes un rol. Ahí es donde te defines y redefines, tantas veces como sean necesarias.

Todas las buenas historias tienen un protagonista. Uno con temperamento, personalidad, fortalezas y peculiaridades. A veces son los más humanos, aquellos con los que lectores y espectadores se pueden relacionar porque son vulnerables y corruptibles, como cualquier otra persona; como tú y yo. En otras ocasiones son enteramente ideales, heroicos, llenos de virtud, puestos aquí para enseñarnos que hay un camino mejor, una forma superior de ser humano. Ninguno de los dos es mejor, solo son diferentes, y ambos viven la historia. Ambos entran en conflicto, son arrojados al camino de las pruebas, y transitan por el argumento haciéndolo lo mejor que pueden, en pos de resolución, transformación o reconciliación. Unos lo hacen en el drama y otros en la aventura. Unos simplemente tienen un nombre, Luis, Ana; otros un sobrenombre: sombra, luz, súper, araña, pero eso sí, todos tendrán que poner a prueba sus creencias, sus principios, y al final, forjar su identidad y congruencia.

Igual lo harás tú.

Empieza por el principio, poniéndote en el centro de la historia. No eres un observador, un espectador, un personaje de relleno, de esos que corren detrás de la acción y simplemente desaparecen. Entiende que tú eres el protagonista, tú eres el personaje principal, y por ende esta historia no solo se trata de ti... *te ocurre* a ti. Si hay un villano que se opone a alguien, tanto como si sobreviene de pronto un evento infortunado, es ante ti y por ti que sucede. No te resignes en este rol, pues es a través de él que darás significado a tus emociones y a las cosas que te han pasado y pasarán en el futuro. Tu rol es activo, no pasivo.

Después, relaciónate con la historia. Igual que lo hiciste con el duelo en su momento, ahora hazlo con el o los eventos, y trata de hilarlos en una narrativa coherente. Haz una síntesis entre tu estado interior y entre el mundo exterior; entre tus pensamientos y todo aquello externo a ti que te afecta, y conéctalo. Une pasado, presente y futuro, voluntad, sentido y significado, en un hilo conductor de coherencia y destino. De consistencia e intención. Aquí no hay accidentes o casualidades, peones o conductores. Aquí solo hay un protagonista y su historia. Un por qué y un para qué. Aquí las cosas pasan porque el héroe solo puede emerger en el conflicto, cuando es necesario, y justo ahora lo es. ¿Las cosas pasan por algo? Eso dice el cliché, y la verdad es que no lo sé, pero si tu quieres pueden pasar *para* algo. Tú eliges para qué.

Ya en este punto, por fin, narra. Confronta el aparente vacío que ha dejado la desgracia, como si se tratara de una hoja en blanco que no dice nada, que parece absurda en su neutralidad, y usa el lenguaje. Convierte esos «¿Por qué a mí?» que te dices, en silencio dentro de tu cabeza; esos «No es justo, nunca podré con esto, es más fuerte que yo, nunca va a cambiar, me quedaré solo, soy débil, no sirvo, hay algo malo dentro de mí, no soy suficientemente bueno», primero por una sincera curiosidad: «¿Qué significa todo esto?», y luego por una decidida búsqueda, una estrepitosa y fecunda aventura: «En medio del dolor, pero a pesar de este, he decidido ponerme de pie y redefinirme. En medio de la pérdida, a pesar de la pérdida, soy y seré. Miro al destino a la cara y le digo, ¡haz lo tuyo!, porque después yo haré lo mío». Nadie ha dicho que mientas, que te convenzas de absurdos, como que debas disfrutar tu dolor, o que la pena es agradable, sino que tomes el dolor y la tragedia y te relaciones con ellas, como si formaran parte de tu peregrinaje y tu historia. Que entiendas que si bien el trance y la pena no son buenas para ti, el viaje que harás para resolverlas y encontrar prosperidad sí que lo es, porque lo eliges tú, porque te cambia a ti, y porque se vuelve la historia que tú quieres contar.

Entiende esto: tienes que aprender a usar las palabras.

Lo que te dices, y cómo te lo dices, importa.

La intención con la que te hablas a ti mismo, el modo en el que asumes un rol u otro, el afecto con el que te tratas, modifica tu estado de ánimo y más importante aún, tu predisposición a actuar. ¿Quién puede moverse en el dolor, resistir más de lo tolerable, pelear más allá de lo posible? Solo alguien que decide creer en sus palabras y en sus historias. Alguien que tiene fe en sí mismo y que se bautiza con un nombre valioso. Alguien que salta al vacío sin saber qué le espera, pero que confía en sus motivos, sus valores y su futuro. Alguien que ama su vida, ¿lo entiendes? No alguien que ama su desgracia, ¿cómo hacerlo?, o su sufrimiento, sino alguien que *ama* su vida. Alguien que valora el resultado de sus esfuerzos, y agradece el proceso para llegar hasta ahí.

Lo que estás construyendo aquí es la mitología que habrá de gobernar tu destino.

¿Cómo dices? ¿Que en el estado actual de las cosas, tan lejos de lo que quieres para ti, es imposible amar la vida? Bueno, eso es porque no la has visto con claridad, querido lector. Porque no te has puesto a ver que respiras, que piensas, que sientes, y eso es un regalo. Porque no te has dado cuenta de que estás rodeado de gente que te quiere, sí, rodeado… no los ves porque realmente no estás poniendo atención. Porque no has valorado tu cuerpo, ese con el que lees estas palabras; ese que te guste o no, se ajuste o no a tus estándares preciosos, o los de alguien otro, te mantiene aquí, presente, y espera tus órdenes, dispuesto a llevarte a donde sea necesario para que seas feliz de nuevo —o por vez primera, ¿quién sabe?—. Porque no has considerado la belleza del cielo, de los árboles, de la sonrisa de un extraño, o incluso la tuya. Porque estás buscando fuera, no dentro, y porque estás aferrado a un pasado que se ha ido. Porque no has acudido a la llamada, aunque ha sonado fuerte, muchas veces, desde que tu mundo se vino abajo. Presta atención, de una vez por todas, escucha el trueno, y *acude a la llamada*.

Suspira si es necesario, cierra los ojos después, y cuando tu mente insista en tumbarte, da una inspiración profunda, ponte firme, y levántate tan alto como puedas. «Mentira, esto se trata de mí. Puedo y lo haré, porque es necesario. Porque quiero ver el mañana. Porque soy el dueño de mi destino. Aprenderé todo lo que se requiera, caeré cuantas veces hagan falta, y después me pondré de pie. Soy uno conmigo.»

Con la palabra, todo cambia. Con lo que te dices, tu mente se alinea. Al narrar, entiendes, y al entender, el caos se disuelve. Se convierte en orden, y tú en el personaje principal.

Con la palabra despierta la creatividad, y te vuelves escritor. Deconstruye tus mitos viejos, pues ya no eres aquel que eras, antes de perder. Eres nuevo; también tu historia debería serlo. Es verdad, lo que pasó, pasó. Eso no cambiará. Pero tu percepción y tu pensamiento al respecto es como un texto, un libro, que tendrás que interpretar y reinterpretar, cambiando su significado fijo y preasignado por los eventos, por uno nuevo, voluntario, ajustado a ti. Es tu historia.

Es solo que se requiere a un buen narrador para que el héroe, después de perderlo todo, inspire a la audiencia con su viaje y su valentía.

Acepta la llamada.

Cuenta la historia, y cuéntala bien. Con amor.

Queremos que nos inspires.

7

Reedifica la base: aprende a construir objetivos basados en valores y virtudes

Desde siempre he sentido que la responsabilidad de cualquier ser humano con un mínimo de autorrespeto es convertirse en un héroe [...]. Alguien que exuda gracia bajo presión, alguien capaz de mover montañas si eso es lo que se requiere para hacer sonreír a quien se quiere, alguien que no permite al dúo mortal de pereza y debilidad ponerse en el camino para convertirse en la mejor persona que él o ella puede ser.

DANIELE BOLELLI

Este es uno de los capítulos largos del libro, pero te prometo que vale la pena. Léelo de un tirón, hasta el final. Tal vez tengas que hacerlo varias veces. Eso está bien. Lo importante es que cambies de perspectiva y aprendas a ver el mundo desde otro lugar.

Los mejores personajes en las historias que nos gusta ver y leer nunca dicen lo que van a hacer. Más bien *lo hacen*. Sus acciones hablan por ellos y los describen en el acto. No dicen «¿Sabes?, soy una persona valiente», sino que van y encaran el peligro cuando es necesario, justo y digno. No aseguran «soy fiel, te lo prometo», sino que no mienten. Y no exaltan sus atributos de forma egocéntrica, pretenciosa, «soy tan segura de mí misma». Más bien entran al recinto, firmes pero relajadas, con pasos fuertes, la vista al frente, soltura en el gesto, para darte la mano con fuerza y gentileza, sin retirar la mirada. Su seguridad habla por ellas. ¿Sabes de dónde proviene toda esta honestidad genuina? ¿De dónde proviene este poder silencioso, que otorga vigor, resolución y vitalidad al movimiento y la presencia?

De los valores. De los principios.

De la virtud.

Del núcleo más profundo de la identidad.

Así que vamos a cavar profundo, de una vez, y lleguemos al fondo. Vamos a cavar profundo y reiniciar el fuego de tu corazón, porque ahí, en la edificación de tu carácter, es donde pondremos la fortaleza que puede inspirarte para seguir adelante, primero, cuando todo parece perdido, y luego, cuando las cosas están en orden de nuevo, para sostenerte en pie y vivir una buena vida.

Desde ya necesitas entender algo: de alguna manera los seres humanos modernos somos adictos a lo externo (recuerda lo que vimos en el capítulo 2). Nos motivan objetivos basados en obtener cosas, comodidad, lujo, dinero, estatus; e incluso cuando la zanahoria no es tan material, entonces nos preocupa encontrar pareja, prestigio, viajar, conocer lugares, personas... Todo fresco, ¡todo nuevo! ¡Todo excitante! El peligro es que esa dependencia nos está volviendo frágiles. Plantearse objetivos está bien, desde luego, pero ¿qué pasa cuando fallan? ¿Qué pasa cuando no los consigo? ¿Qué pasa cuando los pierdo?

¿Qué pasa cuando descubres que estás destinada a perder y que sin importar cuánto luchas por algo, simplemente no puedes tener todo lo que quieres?

Sucede que debes volverte hacia otro lugar. La alternativa sería quedarte quieta, paralizada, pensativa y maldiciendo tu suerte, mientras te vienes abajo en un sinsentido y tristeza, y eso no lo vamos a permitir. Tú no te lo vas a permitir.

No. Lo que vas a hacer es volverte hacia dentro; zambullirte, por decirlo así, en tu propio corazón, abrir tus ojos, cambiar tu enfoque, y cuando lo hagas, construirás objetivos nuevos y mejores, duraderos y trascendentes. Esta vez vas a estructurar metas y objetivos basados en valores y principios.

Como su nombre lo indica, los principios sugieren origen, comienzo. Se trata de proposiciones de valor que sirven para guiar la conducta o el juicio y, desde luego, están íntimamente relacionados con la moralidad y la ética. Son declaraciones de orden que implican causas y consecuencias, cuyo seguimiento y observación regularmente nos conduce a un buen resultado o al menos a uno deseable. Son, sobre todo, la base y esencia de la *virtud*.

¿Crees en la relevancia del honor? ¿O en la gravedad de la responsabilidad? ¿Crees que ser disciplinada, humilde e íntegra eleva tu dignidad? ¿Y que la valentía, la justicia y el deber llevan tu carácter a una estatura moral en la que hacer lo correcto, lo que debes o es necesario, es posible? ¿Realmente lo crees? Espero que sí, porque cuando lo haces lo que ocurre es que estás adquiriendo herramientas poderosas para funcionar y destacar en la vida. Porque cuando lo haces, no evitas que las crisis lleguen a tu vida y con un golpe certero, en toda la frente, arrebaten de tus manos lo que amas, pero sí que te vuelvas capaz de encarar esa pérdida, mirarla a los ojos, y con calma decirle: «Yo sigo aquí. Vamos de nuevo… otro *round*».

Verás, los principios y las virtudes en los que crees son las reglas cardinales que te informan lo que es correcto, lo que es adecuado, y sobre todo lo que te hace sentir congruente cuando actúas siguiendo su dirección. Por eso es que te hacen sentir y ser fuerte. Cuando tienes dudas sobre cómo proceder, basta con consultarlos para saber qué es mejor, para ti y para los demás, qué funciona, qué te hace sentir buena persona, y qué es lo que verdaderamente tiene sentido. Justo en ese momento en el que todo se tambalea, en el que está frágil y tienes dudas, las virtudes sirven para recordarte que vale la pena hacer lo que estás haciendo y seguir en el camino aunque duela o sea difícil. Se trata de fortalezas de carácter que son tan valiosas por sí mismas que el solo hecho de practicarlas, a cada momento, te proporcionan alivio, consuelo, valor y por ende se convierten en una motivación natural, circular. Cuando actúas siguiendo tus principios no es solo por un resultado específico por lo que persigues, sino por la verdad de ser tú misma.

Cuando se trata de valorar, es importante entender cómo y por qué lo hacemos. En realidad cualquier cosa, la que sea, (creencias, inclinaciones, personas, etc.) puede ser valiosa para ti y para otros. Cualquier cosa a la que le asignes un significado y un lugar en tu vida terminará por ser valiosa, y así te des cuenta o no, hayas asignado este valor de manera deliberada o no, este valor dirigirá tus pensamientos y tus acciones. Nuestro cerebro es un órgano económico al que no le interesa invertir energía en las actividades que considera poco importantes, así que puedes tener seguridad de que aquello que creas valioso será lo que acapare tu atención y, por consiguiente, tu tiempo. Si lo que te anima por la mañana es ganar dinero para poder gastarlo o desarrollar el cuerpo que quieres para dejar de sentirte inferior, ahí es a donde va a dirigirse tu conducta, y en última instancia, tu vida. El sentido de tu vida estará basado en lograr todo eso y creer, además, que es necesario para ti. ¿Por qué decidiste que todo eso era valioso para ti? ¿Te lo has preguntado? ¿Por qué? Es una pregunta sencilla pero poderosa. *¿Por qué...?*

«Hasta que el inconsciente no se haga consciente, este dirigirá tu vida, y tú lo llamarás destino», decía C. G. Jung. Del mismo modo, hasta que tú no elijas lo que es valioso para ti, el azar, la sociedad, y los demás, elegirán tus prioridades, y tú darás tu vida por ellos, pensando además que tú lo quisiste así siempre.

De nuevo: reconstruir tu negocio es importante, tanto como tener dinero. Volver a tener pareja después del divorcio o la viudedad, si así lo deseas, también. Vamos, vivir con comodidad, relativa seguridad y control, es importante (ya llegaremos a eso en capítulos posteriores). Jamás se me ocurriría sugerir que la respuesta a las crisis es dejar de desear, dejar de buscar y dejar de estar en relación con el mundo material. Solo trata de pensar que hay más que eso.

Se trata de pensar en que los objetivos que dependen de lo externo, de conseguir lo que quieres, son como dianas a las cuales apuntas el arma, pero son tan específicos, tan limitados, que se vuelven totalmente dependientes de los resultados. Si ocurre, bien, continúas motivado, pero si no, todo se viene abajo. En cambio los principios y la virtud, valores como ser valiente, fuerte y justa, o resiliente, honorable y digna, no se acaban, no se agotan. No están condicionados a un objetivo o a un resultado; son relevantes siempre, en todo contexto. Son como una gasolina que nunca se acaba.

Los héroes de las películas que te encantan, y más aún, los de verdad, no insisten en hacer lo que tienen que hacer porque se los ordenan, o porque es parte de la descripción de su trabajo, mucho menos por la remuneración que reciben. Lo hacen porque creen en ello, porque en su acto se juegan su autoestima su valor y su esencia.

Buscar lo que buscabas ya no tiene sentido. ¿Qué hacer entonces?

Comprometerte total y absolutamente a vivir una vida de principios y a cambiar tu enfoque de lo externo a lo interno, tal como dice Donald Robertson, «llevando tu mente al valor de tus propias acciones y a enfocar tu atención en lo que realmente está controlando tu vida, tus intenciones y tu conducta […]. Mover tus prioridades de modo que pongas más importancia y enfoque en la forma en que haces las cosas, la calidad de tus acciones».[9] Eso es lo que haces. Respirar hondo, cerrar los ojos e intentar algo distinto. Arriesgarte. Salir de la zona de confort. Estirar los brazos, intentar llegar más lejos esta vez. Que tu lucha valga la pena porque eleva tu estatura moral, intelectual y ética.

Y créeme, cuando hayas definido tus valores, cuando hayas entendido tu virtud, cuando apuestes por algo más grande que tú misma y tu propia vida, entonces podrás volver a esos objetivos concretos, a esos deseos específicos, a ese mundo material y externo, y podrás pelear por él. ¿Sabes por qué? Porque ya no es lo que está fuera lo que te motiva, sino lo que está dentro de ti. Porque conseguir lo que quieres ya no tiene que ver con ego o con miedo, con inseguridad o con vacíos que llenar, sino con saberte íntegra y completa, verídica y valiosa. Porque tu vida ha dejado de servir a tus ganancias y metas, y en cambio tus ganancias y metas sirven a tu vida. Cada cosa que haces, cada esfuerzo que te agota, cada conflicto que superas, y así mismo cada ambición a la que renuncias, cada ganancia que dejas ir, cada relación de la que te apartas, está en alineación con hacer de ti un ser mejor; feliz y satisfecho. Porque lo que eliges tomar es para sumar bienestar a tu vida, y lo que dejas atrás estorba en esta nueva existencia en la que el bien por el bien mismo es la ganancia mayor. Eso es construir metas y objetivos basados en valores.

He conversado con muchos pacientes sobre esto, tal como acabo de hacerlo con ustedes, y llegados a este punto a menudo escucho la misma pregunta: pero ¿qué valores?, ¿cómo saber cuáles son los correctos para mí?, ¿dónde y cómo encontrarlos?

---

9. Robertson, D., *Build your resilience: CBT, mindfulness and stress management to survive and thrive in any situation*, John Murray Learning, Londres, 2019.

Recurramos a la filosofía en busca de auxilio. Preguntemos, muy en concreto, a Aristóteles, cuyo pensamiento ético y práctico sigue teniendo una enorme relevancia y puede servirnos como guía en la búsqueda de construir objetivos basados en valores.

Para entender el abordaje de Aristóteles en esta cuestión, si bien de una forma increíblemente resumida, debemos incorporar a nuestro vocabulario tres bellísimas palabras griegas: *telos, eudaimonia* y *areté*.

Telos puede entenderse como meta, fin o propósito. Se refiere a la función intrínseca de algo. Aristóteles pensaba que era difícil entender la naturaleza de las cosas si no se conocía cuál era su finalidad, su *para qué*. Diríamos que el *telos* de un reloj es que presente con la mayor precisión posible la hora, el de una lámpara es que ilumine y el de un teclado es que sirva para escribir. De ese modo, los humanos también llevamos con nosotros un *telos* determinado, que para el filósofo era ni más ni menos que un ser tan racional como fuera posible; funcionar en el máximo nivel de inteligencia humana. Ah, pero inteligencia y racionalidad para Aristóteles no solo tenía que ver con pensar correctamente, sino con ser capaces de realizar la acción correcta, en el momento correcto, en la magnitud correcta, hacia la persona correcta, durante el tiempo correcto. Ser racional implicaba la unión equilibrada de nuestra mente, espíritu, cuerpo, y su operación en el mundo real, en contacto y cooperación con otros seres humanos, en búsqueda del bien común.

Eudaimonia típicamente se ha traducido como felicidad, pero en realidad es mucho, muchísimo más. Para el pensamiento aristotélico, se refiere más bien a la mejor forma de vivir la vida, esto es, empleando el tiempo que tenemos disponible para desempeñar cada vez mejor nuestro *telos*. La vida vivida al máximo de su potencial. ¿Qué tiene eso que ver con la felicidad? ¡Todo!, porque desde este enfoque la satisfacción serena que asociamos con la felicidad solo es posible cuando un ser humano se ha convertido en todo lo que puede ser y cuando ha llevado su cuerpo y mente al máximo de sus límites. Cuando verídicamente ha sido capaz de cumplir su propósito, esto es, la función por la que está en la Tierra. La felicidad desde esta óptica no es una emoción, transitoria y placentera, sino el resultado del trabajo, el sacrificio y el crecimiento. De construir y construirse, poco a poco, a lo largo de toda la existencia.

Finalmente, *areté* se traduce como virtud. Y la virtud es el camino. Por eso son tan importantes.

Las virtudes son aquellas cualidades que nos llevan a lograr *eudaimonia*, justamente porque consuman nuestro *telos*. Dicho en castellano: las virtudes y valores son todas esas cualidades, fortalezas y creencias individuales que se vuelven la marca indeleble de tu personalidad, y que al guiar tu pensamiento y tus acciones te conducen a vivir tu propósito, a diario, volviéndote capaz de elevar tu calidad humana hasta el límite de sus posibilidades. Son aquellas que al practicarlas no solo perfeccionan tu carácter, sino que te vuelven un buen ser humano.

Platón creía que las virtudes cardinales son la sabiduría, la justicia, la valentía —coraje— y la templanza. Para mí siguen siendo un buen modelo, pero, por supuesto, hay muchos más a los que podemos referirnos. El mismo Aristóteles enumeraba once: valentía, templanza, generosidad, magnificencia (o carisma), magnanimidad (o generosidad), paciencia, honestidad, astucia, simpatía, vergüenza y justicia. Tomás de Aquino tomó como base los principios cardinales de Platón y añadió otros tres: fe, esperanza y amor. Para la caballería medieval eran fundamentales la lealtad, la cortesía, la amabilidad y la fuerza; para el taoísmo la armonía y el equilibrio, la espontaneidad, el respeto por la vida, la no acción y la moderación; para el budismo la benevolencia y el desapego; y para los guerreros japoneses samuráis, todo el sentido de la vida estaba contenido en el honor, que solo era posible a través del deber, la justicia y la valentía. Incluso mucho más recientemente, en el terreno de la ciencia, la psicología positiva maneja siete fortalezas de carácter, basadas en años de investigación, cuya práctica nos acerca al bienestar y la satisfacción con la vida: sabiduría, coraje, humanidad, justicia, templanza, espiritualidad y fortaleza.

¿Ahora lo ves? Parece complicado pero no lo es. Es mucha información, sin duda, pero no te asustes. Tu puedes con esto.

Relájate, respira, y cierra los ojos.

Date un momento.

Suspira.

Relájate…, y al abrir los ojos de nuevo, date cuenta de lo sencillo que es.

Todos los seres humanos tenemos un valor inherente, por el solo hecho de estar vivos. Tú también. Sin importar lo que hayas sufrido o perdido. Del mismo modo, cada vida en la Tierra posee una función. Cada alma sirve para algo. Cada individuo tiene un para qué.

Tú también.

Vamos a descubrirlo.

¿Te has sentido perdida alguna vez? ¿Como si mucho de lo que estuvieras haciendo simplemente fuera insignificante? ¿Como si todo aquello que te sostenía se cayera a pedazos y te quedaras sin nada? ¿Como si vivieras en una realidad tan revuelta y desorganizada que simplemente ya no supieras en qué dirección andar?

Pon atención: aunque creas estar perdida —tal vez es una buena noticia que te sientas así—, nunca puedes realmente extraviarte de ti misma.

La pregunta más importante a responder nunca es *a dónde debo ir*, sino *quién soy yo*. Cuando sabes quién eres, en ese momento en el que te ves, te sabes, te reconoces, el camino que es mejor andar para ti aparece de pronto, claro, firme. Basta con que seas fiel a tu carácter, a tu identidad y a tu verdad, realmente fiel, para que tengas claridad de que siguiendo ese camino, y *solo siguiendo ese camino*, serás feliz. Pero para poder responder *quién soy*, primero necesitas saber en *qué crees*.

Los filósofos del pasado y el presente han tratado de trazar un mapa para nosotros, para eso nos han dado sus listados de valores y virtudes. Sin embargo, recuerda lo que aprendiste unos capítulos atrás: esto se trata de ti; siempre se trata de ti. Tu vida es tu responsabilidad. Ahora te toca a ti. ¿Quién eres? ¿En qué crees? Esa pregunta deberá guiar el resto de tu vida. Llegaste aquí, a estas páginas, porque estás sumida en el dolor, tratando de entender y resolver el caos. Pues bien, empieza por el principio, por el centro.

Cava profundo.

¿Quieres vivir con honor? Persigue objetivos justos, valientes. Cumple con tu deber.

¿Quieres sentirte orgullosa de ti misma? Incrementa tu fuerza, tu dignidad, tu templanza.

¿Quieres experimentar paz y serenidad? Trabaja tu desapego, compasión y humildad.

¿Para qué esperar a encontrar la luz al final del túnel, cuando tú puedes iluminarlo?

Conviértete en la heroína de esta historia, y como decía Marco Aurelio, deja de preguntarte qué constituye a una buena persona: *mejor vuélvete una.*

Cuando lo hayas hecho, cuando hayas llenado tu carácter de todos esos principios que te vuelven única y valiosa, entonces podrás volver al lápiz y al papel, y trazar metas mucho, muchísimo más específicas. Poco después, podrás poner tus ideas a trabajar; comprobar si son prácticas, útiles, asequibles. Y cuando te golpee de nuevo el destino, sentirás tristeza, frustración y malestar, como lo hacemos todos, pero siempre recordarás que lo que te impulsa no es tener o ser más, **eso ya lo eres, aquí y ahora**. Lo que te impulsa es convertirte en la mejor versión posible de ti misma, *eudaimonia*, te tome el tiempo que te tome. Eso... eso es una vida bien vivida.

Eso es felicidad. La felicidad del guerrero. La felicidad del sabio.

La felicidad de un buen ser humano.

¿Qué más necesitas para sentirte motivada?...

8

Atiende tu economía. Es relevante

Nada hay menos material que el dinero, ya que cualquier
moneda (una moneda de veinte centavos, digamos) es, en
rigor, un repertorio de futuros posibles. El dinero es abstracto,
repetí, el dinero es tiempo futuro. Puede ser una tarde en las
afueras, puede ser música de Brahms, puede ser mapas, puede
ser ajedrez, puede ser café, puede ser las palabras de Epicteto,
que enseñan el desprecio del oro; es un Proteo más versátil que
el de la isla de Pharos.

JORGE LUIS BORGES

Vamos a poner esta verdad sobre la mesa: el dinero es importante.
El mundo material también. Lo más pronto que lo entiendas mejor. Poner en orden este tema es fundamental para salir cuanto antes de esa crisis en la que te encuentras.

No, ni el dinero ni las cosas que posees van a traerte calma.
Mucho menos van a ajustar tus tuercas emocionales o a resolver tus
conflictos internos. No se trata de eso. El dinero, efectivamente, no
genera felicidad; la evidencia científica al respecto es sobrada. Pero

lo cierto es que sí da pie a un genuina independencia, provee un cierto grado de libertad y, sobre todo, una vez que se tiene lo suficiente para cubrir las necesidades básicas, e incluso un poco más, da oportunidad a la mente de enfocarse en otros temas meritorios que no sea solo sobrevivir, o peor aún, estar agobiado constantemente porque no lo tienes o porque deberías de tener más.

¿Quiere decir que tu objetivo debería ser volverte rico? Me parece que no, aunque si es algo que te interesa, ¿por qué no estudiarlo, prepararte y trabajar para llegar hasta ahí? Es posible, así que no permitas que yo te limite. Ahora bien, si se trata de mi opinión, no, no creo que ese debería ser tu objetivo. Muchos lo han intentado y logrado antes que tú; a algunos los he atendido en el consultorio, sobre otros se escribe en periódicos o en libros biográficos, y no hay uno solo que pueda decir que todos sus problemas quedaron resueltos con la riqueza; por el contrario, algunos se multiplicaron. La muerte, el dolor, la enfermedad y el sinsentido, así como un corazón roto, la traición y decepción, también les ocurre a ellos. No hay cantidad de dinero que pueda protegerte de eso.

En mi opinión, querido lector, nuestro objetivo económico debería ser uno y simple: la comodidad. ¿Y qué quiere decir eso? Tomemos la opinión de Jeff Haden,[10] que va bastante bien para los intereses de este libro: «Cómodo —o confortable— significa cosas diferentes para personas diferentes. Por ahora, definamos "cómodo" como la posibilidad de pagar tus cuentas a tiempo, comer saludablemente (no comida "saludable-extravagante"), cubrir las necesidades básicas de tu familia, y consistentemente poder ahorrar un poco para el retiro. "Cómodo" significa que no tienes que estar constantemente preocupado sobre el dinero de modo que tampoco

10. Haden, J., *The motivation myth: How high achievers really set themselves up to win*, Portfolio/Penguin., Nueva York, 2018.

tienes que estar pensando constantemente sobre el dinero». Y, aña-
diría yo, al no tener que estar agobiado por el dinero, puedes procurar perseguir bienestar en tu vida de múltiples maneras, como,
por ejemplo, construir mejores vínculos sociales, procurar a tu familia, aprender cosas nuevas. ¡Hey!, hasta practicar algún arte, volverte especialista en algo nuevo y desconocido, o simple y sencillamente darte tiempo significativo para ver el cielo, oler las flores y *de
hecho* disfrutarlo verdaderamente.

Lograr una vida moderada, equilibrada, en el que se cuenta con
lo suficiente para cubrir las necesidades y darnos algunos lujos. Eso
suena bien, ¿no? Eso suena deseable y agradable.

Pero cuando estamos en crisis este puede ser uno de los temas
más espinosos y difíciles que confrontar. Puede ser que lo que te
metiera en el embrollo en que te encuentras, para empezar, haya
sido justo lo económico, o puede tratarse de una consecuencia in-
deseable de la crisis que te está tocando vivir y superar. Sea como
sea, pon atención, porque donde la ciencia nos dice que el dinero
no trae la felicidad, sí que insiste en que llegar a la comodidad puede hacerte vivir más aliviado y ligero.

Me gustaría hacerte una pregunta antes de proseguir: ¿cómo
está tu relación psicológica y emocional con el dinero y con el mundo material? ¿Es saludable? ¿Estás en paz? ¿O eres de los que piensas que el dinero es el gran villano, el gran corruptor, destructor de
vidas y mundos, justo receptor de todo nuestro desprecio? Bien,
bien, tal vez estoy siendo exagerado, pero es que en realidad, hay
algunos —yo era uno de ellos— que creen que el dinero es el problema, cuando en realidad no lo es. El dinero es un invento humano y por sí mismo no tiene valor alguno, pero sí que ha logrado
algo increíble: nos puso de acuerdo a todos, entre todos, para entender la mecánica de la oferta y la demanda, y sentó reglas claras
acerca de cómo intercambiar entre nosotros, en casi cualquier parte

del mundo en que nos encontremos; refleja nuestra búsqueda de organización, de civilización, y coexistencia pacífica, y nos permite vivir en una genuina interdependencia en la que, si todo va bien, al ganar tú también gano yo. El dinero, efectivamente, por sí mismo, carece de valor, pero cuando lo usas para transformarlo en otras cosas, es ahí donde todo cambia. Así que medita bien la respuesta a la pregunta: ¿cómo está tu relación con el dinero?, porque si eres un adulto medio, habitante del planeta Tierra, lo más probable es que pases la mayor parte de tu día haciendo alguna labor que te permite ganarlo… y sería bastante triste que estés en la situación de odiar esa ocupación, sus resultados, o peor aún, la necesidad de hacerlo. No hay manera de que el odio, en tu mente, acumule la cantidad necesaria de enfoque, disciplina, motivación, ánimo y trabajo, como para lograr la comodidad económica de la que hablamos aquí, tan necesaria para que sortear la crisis sea posible. Así que pon los pies en la tierra, aquí y ahora, y reformula tus prejuicios mentales. Por tanto, el dinero no será nuestro fin, ni mucho menos la métrica contra la que habrás de medir tu valor personal, en pleno siglo XXI, sí que es el medio a través del cual transformarás tu esfuerzo (que es muchísimo, y del cual deberías estar orgulloso), en todo aquello que te hará sentir a salvo, primero, y libre, después.

Necesitamos resolver nuestros pensamientos y sentimientos al respecto. ¿Sientes culpa por tener dinero? ¿O envidia y rabia porque no lo tienes? ¿Angustia, porque no encuentras la forma de ganarlo? Todo eso, créeme, te distrae del verdadero problema: *generarlo*. ¿Y cómo hacemos eso? Trabajando, no hay otra opción, y luego —o a veces en paralelo—, tanto o más importante, administrándolo.

No, te lo aseguro, trabajar no se trata de un castigo, un complot capitalista, ni mucho menos de una tortura a la que todos debemos someternos en esta vida de injusticias (y conviene que también te reconcilies con ese hecho de una vez), sino de un servicio que des-empeñamos, intercambiando nuestro esfuerzo, atención, conoci-miento, talento, habilidades y experiencia, por un salario. Si lo piensas bien, no suena tan mal. Trabajar es utilizar tu cuerpo y tu mente, unidos, para solucionar un problema, servir a alguien, o ge-nerar un resultado, lo que trae por consecuencia recibir el ingreso necesario para pagar la vida que deseamos. Si además, como dice Ray Dalio,[11] al hacerlo podemos cumplir con nuestra misión perso-nal, nuestros intereses, inclinaciones o pasiones, ¡qué mejor!, pero no todos tienen esa oportunidad, al menos no de buenas a prime-ras, así que para empezar con ganar dinero suficiente debería bas-tar. ¿Suficiente para qué? Bueno, eso ya es terreno de la adminis-tración, porque debes de saber esto: no importa cuántas horas trabajas, ni cuánto dinero percibas, si no eres capaz de administrar lo que ganas, nunca, nunca te bastará para lograr comodidad, ni mucho menos para cumplir tus objetivos.

Dicho de otra manera: si no gastas menos de lo que ingresas, jamás estarás en paz.

No, este no es un libro de finanzas personales, ni yo soy asesor en la materia —bastante lejos de serlo—, pero a menos de que tú sí lo seas, por favor te pido que hagas como tuve que hacer yo en su momento: *busca ayuda*. Lee libros, toma cursos, acércate a un ase-sor o *coach* financiero, pero por favor, cultiva tus conocimientos al respecto, de modo que puedas empezar desde aquí, desde ahora, con lo que tienes, haciendo lo más importante que puedes hacer, que es poner en orden tu vida económica y material. Lo importan-te no es cuánto ganas, sino cómo lo usas, cómo lo transformas, y aquí también es donde debes desafiar tus creencias y presupuestos. Es probable, si eres como yo, y como muchos otros, que creas que

---

11. Dalio, R., *Principles*, Simon and Schuster, Nueva York, (2017).

no tienes suficiente, y eso te haga sentir un poco —¿mucho?— asustado o preocupado; o en el peor de los casos, aunque parezca absurdo, perdedor, fracasado o inferior. ¿Te has puesto a pensar cuántas veces temas mal trabajados de autoestima, de amor propio, de autoimagen, te han llevado a cuestionarte tu valor, tu dignidad, tu estatura moral o incluso si eres amado o no por aquellos que quieres, por el hecho de no poder comprar, tener y proveer las cosas que el sistema te ha dicho que necesitas para ser feliz? Espero que sí, y espero que puedas darte cuenta de que, consciente o inconscientemente, a veces has negado tu realidad, cerrado los ojos, y te has torturado de más, cultivando escenarios alternativos, irreales, en los que «las cosas serían mejores si tuviera más dinero, si mi trabajo fuera mejor, si la economía no fuera tan mala», y muchísimos más.

Las cosas serán mejores, más bien, cuando aceptes que lo peor que puedes hacer es tomar decisiones que te metan en problemas mayores que en los que ya te encuentras: endeudarte más, comprar cosas que no necesitas para llenar vacíos que realmente no tienes, o para cubrir apariencias absurdas, y hundirte en un proceso necio y negativo en el que te esfuerzas por generar una riqueza que, más pronto que tarde, provoca en tu bolsillo y tu vida, mucha más escasez. Transformar el dinero en compras o gastos hoy que mañana generarán un costo mayor no es abundancia, sino por el contrario, una pérdida doble.

Es entendible y nos pasa a todos: cuando atravesamos problemas, angustia, y la economía se vuelve una piedra en el zapato (o un enorme saco en la espalda) es increíblemente sencillo perder de vista el futuro, los planes a largo plazo, los objetivos verdaderamente trascendentes, o los cambios necesarios para llegar hasta ahí, para en cambio concentrarnos con muchísima más fuerza en lo que nos falta en este momento y en cómo llenar esas carencias reales o ficticias. Pues bien, a este enfoque casi obsesivo en la carencia y la consecuente necesidad de llenarla, los investigadores le llaman *escasez*, y se ha vuelto todo un objeto de estudio.[12] En suma, su propuesta es que cuando nos sentimos escasos de dinero, tiempo, capacidad para pensar, etc., entramos en una radical visión de túnel en la que desaparecen el planeamiento o la priorización estratégica, dejando en nuestro rango de visión solo reaccionar, reaccionar, reaccionar. La escasez se apodera del pensamiento y los sentimientos, de modo que solo ella existe en la consciencia, abonando a la angustia que ya de por sí experimentábamos antes. Si tienes una gran deuda, pero necesitas pagar las clases de inglés de tu hijo, probablemente uses una tarjeta de crédito diferente para poder pagarlas y disminuir un poco su angustia, y la tuya, frente a la falta, aunque eso genere más deuda. Es probable también que fuese una mejor idea mudarte a un lugar más modesto, regular los gastos hormiga, posponer las vacaciones grandes, pero como todo esto nos hace sentir mucho peor, continuamos viviendo de la misma forma, provocando más escasez, estrechando la visión de túnel, y desde luego experimentando grados casi absurdos de ansiedad, a la par de que se apodera de nosotros la clara idea de que salir del atolladero es imposible; no hay solución.

Conocí a Celeste y a su pareja entre 2011 y 2012. Vinieron a la consulta para resolver problemas de pareja, pero apenas los conocí recordé las palabras de Irvin Yalom: «No me gusta trabajar con pacientes que están enamorados [...]. Tal vez es porque el amor y la psicoterapia son fundamentalmente incompatibles. El buen terapeuta lucha en la oscuridad y busca la iluminación, mientras que el amor romántico se sostiene en el misterio y se desbarata al ser ins-

---

12. Mullainathan, S., y Shafir, E., *Scarcity: Why having too little means so much*, Picador, Henry Holt and Company, Nueva York, 2014.

peccionado. *Odio ser el verdugo del amor* (el subrayado es mío). Y vaya que intenté serlo. Me bastaron tres sesiones para saber que el novio de Celeste era cuando menos narcisista grave y que seguramente cursaba con rasgos de psicopatía. El individuo suponía un peligro real para ella, estaba claro, pero se negaba a reconocerlo, tanto era así que en una sesión individual, cuando se lo repetí por tercera vez, salió del consultorio y no volvió más. Al menos no hasta 2018, cuando ya estaba casada con él, tenía una hija, y era evidente que su único recurso, ahora, era divorciarse. «Tenías razón», me dijo, mientras me narraba la paulatina destrucción de su autoestima, seguridad, identidad, y economía, a manos de aquel que antes creía amar y que ahora no sabía cómo dejar.

«Esta vez sí voy a divorciarme», aseguró. Y así lo hizo. Contrató un abogado… no dio resultado… así que le recomendaron otro y este si cumplió con su trabajo. Pero el futuro exmarido no se lo puso fácil; los narcisistas heridos nunca lo hacen. Celeste se había atrevido a desafiarlo, y él no se rendiría tan fácil, de modo que empezó una batalla legal en la que, mentira tras mentira, manipulación tras manipulación, intentaba hacer pedazos los argumentos legales de mi paciente y su abogado, todo para lograr su objetivo: desaparecer de su vida sin dejar rastro ni centavo.

Celeste tenía muy poco dinero. Trabajaba, sí, y en una buena compañía, pero ahora estaba sola, con pocos ingresos, muchas deudas, y una tremenda angustia encima, producto del duelo (había perdido su matrimonio y su ideal de familia), la incertidumbre (no creía que el futuro fuera mejor), y un sentimiento de minusvalía, culpa y fracaso (por creer que dejaba a su hija sin su padre) que simplemente no cedían. La terapia ayudaba, pero ella se sentía en el fondo de un pozo muy muy oscuro, que no tenía final, y que se estrechaba conforme caía más en él. Aun así, tenía algo claro; tal vez la única cosa: «No me voy a rendir. Lo hice una vez… no de nuevo».

Así que peleó, y lo hizo con todas sus fuerzas.

Recortó gastos. Dejó de salir a comer fuera. Dejó de comprarse cosas innecesarias, y a su hija también. Analizó en profundidad sus ingresos y sus gastos, y luego hizo un plan. «Él no va a darme nada —insistía, y yo estaba de acuerdo—, así que tendré que ser autosuficiente. Para eso necesito ganar más. Voy a crecer en la compañía.»

Armada con esa convicción, empezó a trabajar más duro que antes, volviéndose cada vez más estratégica y necesaria para la organización. A la par se reunía con el abogado, iba a audiencias, rascaba dinero de donde podía, le pagaba sus honorarios, respondía a más mentiras y engaños de su pareja, iba al ministerio público, volvía a la empresa, seguía psicoterapia, llegaba por la noche a casa, jugaba con su hija… y sí, aunque parezca mentira, de vez en cuando le alcanzaba el tiempo y la voluntad para bailar un poco, eso sí, entre accesos de llanto, angustia contenida y desesperación dominada. No cedía un centímetro. Insegura a veces, asustada otras y furiosa la mayoría, avanzaba y avanzaba.

«Aprendí que el valor no estaba detrás de lo que gastaba y compraba (sin poder pagar), me desprendí de lo que pudieran pensar los demás, de compararme con ellos y de lo que debería tener en ese momento, y en cambio me enfoqué más en lo que le transmitía a ella, a mi hija. De repente empecé a luchar para darnos una oportunidad de libertad, de seguridad y para cerrar ese ciclo generacional en el que las mujeres de mi familia eran sometidas a abusos, lastimadas. Me propuse terminar definitivamente con eso: *yo soy la última que vive así. Hasta aquí.*»

Lo logró. Para 2020 Celeste había pagado todas sus deudas y estaba dos puestos arriba en la compañía. Ahora tenía personas a su cargo, mucha mayor responsabilidad, pero sobre todo un sentido de autonomía, independencia e identidad renovados y potentes.

Empujó y resistió. Recibió los golpes y luego dio algunos. Tuvo paciencia. Administró sus recursos; todos sus recursos. Al final su ex efectivamente huyó, y aunque la herida sigue doliendo, no da pasos atrás. Aún es celosa con su economía. Celeste intenta no gastar un peso que no sea necesario, y trabaja muchísimo. Lo más importante de todo, tal vez, es que está orgullosa de sí misma. El amor que ahora siente, genuino amor propio, ese sí que es real, y el futuro es prometedor.

La dignidad es innegociable, ¿sabes? Pero atenderla es increíblemente complicado cuando te agobia lo material, cuando te asfixia la deuda. ¿Qué pasaría si te dijera que tienes el poder y los recursos intelectuales y físicos, en potencia, para maximizar tus resultados en esta área? Tal vez no lo creerías, pero estarías equivocado.

Ser económicamente estable, ganes lo que ganes, es lograr la máxima calidad de vida con lo que tienes, aquí y ahora, sin crear escasez a futuro. Es ser radicalmente responsable, evitando desperdiciar recursos, tiempo, esfuerzo y enfoque, cubriendo necesidades que no tienes, y en cambio descuidando cubrir todo aquello que necesitas para disfrutar lo que tienes, y mejor aún, para desarrollar la paz mental y física necesaria para generar más.

Acéptalo: quieres generar más.

Y eso no tiene nada de malo.

Lo que está mal es ir a ciegas, creyendo que sabes lo que necesitas porque eres tú, o porque es natural. O peor aún, que nunca podrás lograrlo porque no sabes cómo, porque no tienes habilidades, porque las oportunidades no son para ti.

Sé humilde. Aprende. Pide ayuda. Y trabaja muchísimo.

Pero, sobre todo, atiende tu mundo material y económico. En lugar de odiarlo, esfuérzate. Y si no puedes amar lo que haces, por lo menos ama el resultado. Necesitas ganar dinero para vivir en este mundo, pero lo cierto es que tus necesidades serán determinadas por las elecciones que tomes: ¿dónde vives?, ¿a qué escuela van tus hijos?, ¿haces o no vacaciones?, ¿vives solo o con alguien?, ¿bebes café soluble, de cápsula o de cafetería?, ¿qué marca de teléfono móvil usas, para qué, lo necesitas?, y mucho, muchísimo más. Puede ser que elijas una vida que requiera un ingreso mayor, o que estés dispuesto a vivir en una sencillez voluntaria; ninguno de los dos modelos es mejor que el otro, son solo formas de vida. Sin embargo, hagas lo que hagas, sé congruente, administra tus recursos para generar abundancia y no escasez, y las cosas irán mejor. El dinero trae calma cuando genera orden. En cambio, donde genera caos solo puede provocar angustia, malestar y dolor.

Algo más querido lector. Por favor, aprende a cambiar, a adaptarte, a crecer, a modificar tu opinión. Hacer lo mismo que has hecho siempre solo garantiza algo claro, que seguirás obteniendo los resultados que has obtenido hasta ahora. Estoy seguro de que la crisis que vives te ha dejado a ratos sin aliento, fastidiado, pero recuerda lo que has aprendido hasta ahora: debes trabajar tus duelos. ¿Has escuchado aquello de que si te niegas en aprender la vida se encarga de hacer que las lecciones sean más duras? No sé si será verdad, pero sí que sé que la resistencia a aprender y cambiar producirá en tu vida consecuencias cada vez más severas. Los problemas que estás sorteando revelarán tus debilidades y deficiencias, pero sin lugar a dudas también te permitirán desarrollar fortalezas que no tenías ni idea de poseer. Comprométete con este proceso, con este camino, y permítete evolucionar.

Esto no se trata de tener. Se trata de ganártelo.

Y de sentirte orgulloso por ello.

¿Quieres cambiar de carrera? Hazlo, pero estudia primero cómo hacerlo.

¿Quisieras dejar de ser empleado? Inténtalo, solo recuerda que tendrás que dejar ir algunas certezas que creías completamente indispensables.

¿Quieres seguir en una compañía y ganar un sueldo? ¡Perfecto! Ten en cuenta que eso te obligará a responder a una organización, a una cadena de mando, y a una serie de responsabilidades.

Lo que decidas, lo que tomes, lo que busques, te obligará a dejar algo atrás. Es el intercambio necesario para lograr flujo. Solo ten presente que los recursos, todos los recursos, son limitados, así que nadie puede tener todo lo que quiere en la vida. En la medida en la que seas administrado, observador, humilde, consistente, congruente, persistente, pero sobre todo adaptable, tus objetivos económicos serán más alcanzables.

«Eventualmente nos damos cuenta de que el dinero es una forma de energía —nos indica Dan Millman— y que solamente nos vuelve más de lo que ya somos. Puede atarnos o liberarnos, dependiendo de cómo lo administramos. La idea no es lograr una riqueza radical, sino más bien enseñarnos cómo lograr suficiencia y estabilidad [...]. No hay mal dinero. Lo que cada persona considere un buen ingreso va a ser diferente dependiendo de nuestros talentos, experiencia, y circunstancias. Pero en cada caso la compensación debe ser justa, apropiada al trabajo que hacemos, y suficiente para cubrir nuestras necesidades. De otro modo, a menos que seas un masoquista o un santo, es muy poco probable que toleres a lo largo del tiempo estas condiciones de escasez.»[13]

Pon en orden tu mundo material y económico. Empieza ahora, donde estás, y avanza desde ese punto. Es un buen lugar; el mejor de todos, porque tú estás ahí. Solo por favor, tan a menudo como

---

13. Millman, D., *Everyday Enlightenment: The Twelve Gateways to Personal Growth*, Warner Books, Nueva York, NY, 1998.

puedas, baja del mundo de los ideales y pon los pies en la tierra, para que puedas trabajar, y trabajar duro, y para que puedas tomar lo que tienes y hacerlo crecer. Tu armonía futura te lo va a agradecer.

9

Algunas cosas están bajo tu control, otras no. Lo que no puedas controlar, déjalo ir

El trabajo correcto de la mente es ejercitar la elección, el rechazo, el deseo, la repulsión, la preparación, el propósito y el asentimiento. Haciendo todo esto, ¿qué puede contaminar o nublar el funcionamiento de la mente? Nada, excepto tus propias decisiones corruptas.

Epícteto

El equilibrio está en todos lados, ocurre todo el tiempo. Cuando subimos una montaña y nos acercamos a la cima, en caso de querer seguir avanzando, los siguientes pasos necesariamente habrán de llevarnos hacia abajo. Tan pronto hemos terminado de calentar la comida, esta empieza a enfriarse. Apenas acaba el invierno, ocurre la primavera. Así como un día nos enamoramos y decidimos con alegría vivir la vida al lado de alguien más, al día siguiente descubrimos que nos queda menos tiempo para compartir con los amigos y la familia. Unas cosas por otras, siempre ha sido igual.

Todo parece tener su opuesto, de modo que para malo existe bueno; para oscuro, luminoso; para alto, bajo; para lento, rápido; para delgado, gordo; y sí, para ganar, perder. Los contrarios se complementan, no se excluyen o separan. Son esencialmente distintos, pero en lugar de oponerse unos a otros, se integran y agregan, provocando con esa combinación que la realidad fluya, de manera natural y espontánea. Si el mundo gira y existe es porque los opuestos se encuentran en un lugar común en el que fraternizan: si uno tira, el otro empuja, y si uno empuja, el otro tira. No hay batalla, no hay oposición, sino solo mutua inclusión.

¿Cuántos de ustedes han tenido que hacer renuncias enormes para poder llegar a la posición laboral que ahora gozan? Y a pesar de los beneficios que esa posición puede aportarles, ¿cuántas cosas tienen que dejar ir, día con día, para poder recibirlas? Yo me encuentro aquí, a las 12:13 de la tarde, escribiendo estas palabras, cuando podría estar en el consultorio atendiendo a algún paciente, o leyendo la última novela de Stephen King. Con mi elección gano la oportunidad de hacer una de las cosas que más me gustan en el mundo, pero pierdo la ocasión de ganar dinero o de descansar un rato. Y ustedes, que están leyendo este libro, están haciendo a un lado cualquier otra actividad para poder hacerlo.

El efecto más importante del equilibrio permanente de la vida, de esa complementariedad de los contrarios, es justamente la absoluta e inevitable vulnerabilidad de la que tanto hemos hablado. Si nada es permanente y el día más tarde o temprano debe ceder su lugar a la noche, del mismo modo nadie puede gozar de manera permanente y total de salud, vida o éxito. Para que la ganancia sea posible, primero debe ocurrir la pérdida, y ello nos pone en una posición frágil a la que hemos aprendido a temer en lugar de simplemente valorar como una condición y constante de la existencia no solo humana, sino material. La razón fundamental para la existencia del ego es precisamente para protegernos de esta verdad.

Un grave error es confundir vulnerabilidad o fragilidad con debilidad. No son lo mismo, y debemos conocer la diferencia. Hacerlo nos ayudará a aceptar con mucha mayor sencillez nuestra vulnerabilidad.

Ser débil es aferrarte a las cosas que no puedes tener o negarte a seguir luchando porque existe la posibilidad de perder. Ser vulnerable es entender que a veces la respuesta es no. Es aceptar el dolor, tolerarlo, alzar la cabeza (después de haberla llevado baja algo de tiempo) y seguir en pos de tu objetivo.

El débil es el que se rinde.

El vulnerable es el que pelea, pese a que sabe que puede ser vencido.

Por eso es importante aceptar la realidad, fluir a su lado, integrarse en ella en una sincronía saludable en la que entiendes lo que está en tu poder controlar y lo que no.

El punto detrás de todo esto es que en el flujo natural de las cosas ciertas puertas se van cerrando y otras se van abriendo. A veces la puerta que deseamos se va a cerrar, pero seguramente con ello se abrirá otra, y entonces todo será más propicio para nosotros. La angustia es producto del apego: de aferrarnos a un estado de seguridad constante pero ilusorio, deseable pero imposible, en el que nunca sufrimos, en el que nunca perdemos; en el que creemos que somos por lo que tenemos o logramos, y, por lo tanto, tenemos que aferrarnos a nuestros éxitos como si el mundo se acabara si estos se terminan.

Falso.

Es curioso como una de las paradojas más grandes de la vida es esta: obstínate en controlar las cosas, en apretar y presionar de manera constante, persiguiendo siempre ganar, nunca perder y, sin duda, serás presa de la ansiedad, el estrés, y terminarás agotado; muy lejos de la seguridad que deseabas en un principio. Detrás del apego hay miedo, y agresión —el deseo de destruir aquello que me aleja de lo que quiero—. En la aceptación, en cambio, hay amor, serenidad, y sosiego.

«Lo propio del verdadero valor es vivir cuando hace falta vivir y de morir solamente cuando hace falta morir», decía Inazo Nitobe. Es decir, haz lo necesario cuando tengas que hacerlo, y si lo que se requiere de ti es un esfuerzo máximo, a pesar del coste, adelante. Pero de lo contrario, no te agotes persiguiendo objetivos que no tienen sentido, que no abonan tu existencia, o que incluso están completamente fuera de tu control.

Aprende a decidir. Aprende a usar lo que tienes, a luchar por lo que quieres, a renunciar a lo que sobra, a dejar ir lo que es necesario para poder ganar batallas valiosas, y a incrementar tus posibilidades, áreas de influencia y herramientas, transformando recursos, haciendo intercambios.

Todos queremos seguridad, eso ya lo sabemos. Todos queremos maximizar la comodidad y minimizar el desgaste. Somos, al final, seres vivos, y por ello somos eminentemente entidades económicas, pero en su intento por negar la vulnerabilidad y aferrarse a las cosas, seguramente empeñándose en maximizar certidumbre y estructura, a menudo el ego excede el alcance realista de su brazo y se encuentra contra una pared que simplemente no puede mover, con cosas que no puede tener. Se convence de que es mentira, de que puede tener todo lo que quiere, todo lo que se propone, si se estresa un poco más, si mueve unos cuantos hilos aquí y unas cuantas llaves allá, y que puede hacer que otros hagan lo que quiere si se esfuerza lo suficiente. Es voraz: lo quiere todo sin tener que renunciar a nada. El paquete completo: dinero, salud, amor, vida y tiempo.

La realidad es muy distinta.

Tu solamente controlas una cosa en el mundo, y es importante que lo sepas: tus propias elecciones, tus propios pensamientos, tus propias acciones, siempre en el aquí y ahora. Solo lo que depende directamente de ti, eso es todo. Ya lo hemos visto, ni siquiera nuestras emociones están bajo nuestro control (pero lo que hacemos al respecto de ellas, sí). Lo mismo pasa con el medio ambiente que nos rodea y con las personas con las que convivimos: no hay modo alguno de controlar lo que pasa o lo que hacen; son independientes a nosotros. Podemos adaptarnos a esos sucesos y a la forma en que estos nos afectan, eso sí, y de eso se trata este capítulo. Es justamente ahí donde ejercemos nuestra única posibilidad de control, que de hecho es bastante. Es *suficiente.* Por eso hago hincapié en las palabras de Nitobe: aceptar nuestra vulnerabilidad es dar por hecho que más tarde o más temprano hemos de perderlo todo, y que eso a su vez nos llevará a un renovado estado de ganancia. Aunque tal cosa, ni por asomo de casualidad, significa que debemos dejar de movernos. El asunto es que lo hagamos sin enfrentarnos a un muro que simplemente está ahí para quedarse, pues si decidimos invertir nuestra energía en enfrentarnos frontalmente a él terminará por agotarnos.

No debemos perder demasiado tiempo aquí en explicar qué es un objetivo sano y correcto, pues en cierto modo lo hemos hecho ya, en el capítulo 8. Basta con seguir la ruta de los principios y la virtud para fijarnos metas deseables, desprovistas de ego, que serán genuinamente buenas.

En la búsqueda de esos objetivos nos encontraremos con obstáculos. Habremos de enfrentarnos a situaciones insalvables, y a momentos que, por el contrario, nos impulsen. La virtud nos mantendrá firmes en el camino, al tiempo que la vida va trazando la ruta que tendremos que recorrer, apegándonos a las condiciones del equilibrio, de la complementariedad de los contrarios. Es ese equilibrio, nuevamente, el que de hecho nos da la pauta para comprender hasta dónde llega la extensión de nuestro control y todo lo que podemos hacer con él. Esa pauta, de hecho, es el intercambio por correspondencia.

Observen un momento este esquema:

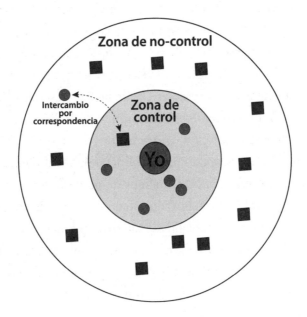

Imaginen que se encuentran en el centro de este dibujo, justo donde dice «yo». Alrededor de ustedes existe un perímetro cercano al que designamos «zona de control», que es relativamente pequeño, en donde se encuentra todo aquello que podemos elegir, pensar y hacer, y, por lo tanto, podemos controlar. Alrededor de este hay otro perímetro, mucho más grande (por razones de practicidad, en el diagrama no lo parece, pero créanme, es mucho, muchísimo más grande; tanto como el universo) al que designamos «zona de no-control», donde se encuentra todo aquello que no podemos controlar puesto que no depende de nosotros, sino que es producto del medio ambiente o de las decisiones de otras personas.

¿Hasta dónde llega la extensión de nuestro control? Hasta el borde donde termina el perímetro cercano a nosotros, por supuesto. Pero ¿qué pasaría, digamos, si pudiéramos atraer uno de los elementos del perímetro de no-control hacia nuestro perímetro de control? Que este quedaría bajo nuestro mando. No siempre es posible; hay cosas que no se pueden acercar hasta nosotros y controlar (una crisis económica global, una pandemia como la Covid-19, un desastre natural, las enfermedades terminales, la muerte de un ser querido o la personal, las decisiones de otras personas, etc.), pero hay otros elementos, más simples, que sí podemos atraer hacia nosotros y hacer nuestros. El asunto es que este acto genera, como requisito, un intercambio por correspondencia. Esta operación, esta especie de transformación, no se puede llevar a cabo sin cambiar una cosa por otra. Es específicamente a través de ese intercambio, de ese acto de renuncia, que podemos incorporar a nuestra periferia algo que no era nuestro, y entonces controlarlo; decidir sobre ello.

Parece complicado, mas no lo es. De hecho, tanto ustedes como yo lo hacemos a diario.

Ana, llevaba un buen tiempo queriendo dejar su trabajo. Después de una serie de ásperas reestructuras, había terminado por sentirse incómoda. Deseaba algo mejor para ella, pero la realidad es que sus responsabilidades económicas y familiares la disuadían de renunciar. Un buen día, producto de una reestructura más, su jefe la convocó en el departamento de Recursos Humanos. Ahí le dijeron que tenían una propuesta para ella: cubrir una vacante similar a su puesto en una empresa hermana o bien despedirla con una indemnización al cien por cien, lo cual implicaba una buena cantidad de dinero, pues llevaba trabajando para ellos casi diez años.

Hasta aquí, toda esta serie de eventos han sido incontrolables para Ana. Las reestructuras simplemente fueron ocurriendo, los superiores se movieron de un lado y a otro, y todo el medio se fue configurando de modo que terminaba por afectar irremediablemente su vida. Para ella se acercaba el momento de decidir: «¿Renuncio o me quedo? Ya estoy harta, no quiero más de esto, pero me preocupa mi futuro. No sé qué hacer». De esta forma, una puerta se abre sin más, pero siguiendo los «lineamientos» del equilibrio, lo hace generando también una pérdida. Porque se mire como se mire, Ana gana algo, pero pierde otra cosa, sin importar la nueva elección que tiene en la mano.

Hasta ahora, algo está en su perímetro de control: Ana sigue trabajando en su empresa. Aún no se ha movido hacia ningún lado, así que mucho de lo que continúe ocurriendo en su vida es todavía de su elección. El dinero de la liquidación y todas las posibilidades que se desprendan de él por el momento no están bajo su control, porque aunque es una posibilidad real, sigue estando en el perímetro de no-control. Para hacerse con él, pagar sus deudas, poner un negocio, y mil cosas más, debe hacer un intercambio: aceptar la liquidación. Esta decisión pondría en el perímetro de no-control otras cosas, que antes sí estaban bajo su control, porque a partir de ese momento quedaría desempleada, perdiendo, así, la posibilidad de elegir nada que tuviera relación con su antiguo trabajo. ¿Funcionará el negocio que quiere montar? ¿O encontrará trabajo rápidamente? ¿Habrá quienes le critiquen, o quienes le feliciten? Es incierto, y nada de eso depende de ella, tan solo la elección concreta de irse o quedarse. No puede tener ambas; al menos no al mismo tiempo. La vida, o como quieran llamarle, la ha puesto en una encrucijada. Puede controlar su camino, pero para hacerlo deberá ganar el control de ciertas cosas y perder el de otras.

Ganar, ganar, ganar, ganar, siempre, todo el tiempo, es imposible. Para generar posibilidades (a veces basta con aprovechar las que da la vida) hay que dejar pasar otras. Ahí es como queda limitada, y a la vez expandida, nuestra capacidad para controlar. Los ejemplos son cientos: «Mi negocio va bien, pero ha llegado un punto en el que está estancado, así que si quiero que siga hacia arriba debo utilizar un dinero que tengo ahorrado e invertirlo en él, perdiendo la seguridad que me da en el banco, pero ganando la posibilidad de aumentar los beneficios del negocio». «No me gusta la ciudad en la que vivo, es fea e insegura, pero la conozco bien y siempre he vivido aquí. Puedo cambiarme de residencia, pero si lo hago dejaré de ver a familiares y amigos y eso no lo podría cambiar, sin embargo, ganaría calma, tranquilidad y me sentiría mejor.» «No me gusta cómo me trata mi suegra, es grosera conmigo. Si permanezco callada, evito todo conflicto entre nosotros, pero seguiría sintiéndome fastidiada o, peor aún, deshonesta. Si la enfrento y pongo las cartas sobre la mesa, obtengo congruencia, pero seguramente las cosas se pondrán tensas»...

Al final, la extensión de nuestro control es única, pero es enorme: la elección consciente. Al parecer, a nuestro alrededor parecen haber solo dos constantes: el cambio y nuestra capacidad para decidir.

La ilusión de control es simple: creer que podemos tener todo lo que queremos, por el solo hecho de quererlo o de esforzarnos por ganarlo. Es creer que la vida responde a nuestras necesidades; que si pienso positivo me pasarán solo cosas buenas y que la gente que me rodea debería quererme y aceptarme incondicionalmente porque así lo quiero o necesito. Es creer que puedo ganar sin perder; que puedo tener lo que quiero sin dar nada a cambio. Es aferrarse a todo lo que poseemos en este momento, ya sea la vida, las personas, las cosas, la posición, y pensar que podemos hacer que duren para siempre. Es una ilusión porque es una falsedad. Si acaso, podemos influenciar al medio ambiente y a las personas. Podemos pedir, podemos luchar, pero ¿garantías?

De esas no hay.

En la versión cinematográfica del año 2002 de *El conde de Montecristo*, Edmundo Dantés pronuncia unas palabras que resumen y confirman todo lo que hemos dicho hasta ahora: «La vida es una tormenta, mi joven amigo. Te deleitarás con la luz del sol en un momento, y serás arrojado contra las rocas en el siguiente. Lo que te convierte en un hombre es lo que haces cuando llega esa tormenta. Debes mirarla de frente y gritar como lo hiciste en Roma: "¡Haz lo peor que puedas, que yo haré lo mío!". Entonces el destino te conocerá como nosotros lo hacemos».

Gánate, con esfuerzo, lo tuyo. No creo que haya más secreto que ese.

Tal vez las cosas pasan por algo, tal vez no. Sea como sea, algunas cosas están bajo tu control, otras no. Aprende a distinguir la diferencia.

Basta con aceptar que ocurre, que todos estamos en esto, y que así como a veces nos toca perder, a veces nos toca ganar, y mucho. Eso, justamente, es la integridad. Aceptar las cosas como son, aceptar a los demás como son, aceptarme a mí mismo como soy, e integrar todo eso en mi vida. Todo está sujeto al cambio y es mutable. Mostremos gratitud hoy, por lo que nos toca, dejemos pasar lo que no nos toca, trabajando los duelos que nos correspondan, y sigamos en movimiento. Lo que venga, vendrá, y ya veremos entonces qué hacer al respecto.

Tenemos miedo porque no queremos perder…

Pero ¿y si resulta que no hay nada que temer, porque para empezar, nada nos pertenece?

La idea es enorme. Piénsenlo un momento… Toma tiempo digerirlo.

10

Cambia el *mindset* hacia crecer, cambiar y generar bienestar, salud y vida

Dos peces jóvenes se encuentran con un pez mayor que nada en dirección contraria a ellos. El pez mayor los saluda y les pregunta: «¿Cómo está el agua, chicos?». Los tres siguen su camino. Finalmente, uno de los peces jóvenes mira al otro y le pregunta: «¿Qué diablos es el agua?».

DAVID FOSTER WALLACE

—No es posible —aseguró Tars.
—No —respondió Cooper—. Es necesario.

CHRISTOPHER NOLAN, INTERESTELAR

La mayor parte de tus acciones están gobernadas por el inconsciente. Eso implica que lo que haces, casi siempre, lo haces en piloto automático, guiado por una serie de impulsos que tu cerebro y tu mente van proponiendo sobre la marcha, conforme a un esquema

118 • NUNCA TE RINDAS

interno, perfectamente estructurado alrededor de valores, predisposiciones, límites, explicaciones, creencias, interpretaciones, percepciones, filtros y mucho más, con el fin de que tú tengas que
pensar lo menos posible en el momento de tomar una decisión,
reaccionar ante un estímulo o moverte hacia o en contra de algo.

Si, eso dije: pensar lo menos posible.

De hecho, parece antiintuitivo, pero a tu cerebro no le gusta
mucho que pienses. Pensar, así lo que se dice pensar, requiere bastante concentración y el correspondiente gasto de recursos: tu cerebro emplea poco más del 20 por ciento de la energía total de tu
cuerpo, que es muchísimo, cuando pondera cuidadosamente las
cosas. Así que frente a la disyuntiva de ahorrar o gastar, tu cerebro
siempre va a preferir que ahorres energía, ¿y cómo lo logra?, pues
simplificándote las opciones o, directamente, ocultándotelas de la
consciencia.

Eso, querido lector, es la función de un *mindset* (o si quieres
una aproximación al español, de una *configuración mental* o *mentalidad*): establecer una predisposición para ver el mundo de una de-
terminada manera, fijar límites, explicar el porqué de las cosas y
asegurar patrones estables de comportamiento aceptables, positivos
o negativos, según los cuales te moverás a lo largo y ancho del
mundo. Es más, lo harás de forma tan natural que la mayor parte
del tiempo creerás que en realidad estás tomando decisiones conscientes y voluntarias; que realmente estás haciendo lo que quieres,
porque así lo elegiste, y en otras ocasiones estarás convencido de
que todas las cosas que te pasan, aunque parezcan mala suerte, o
ensañamiento del destino, son inevitables, cuando, con toda probabilidad, habrás puesto tú mismo todas esas cosas en el camino sin
percatarte de ello.

Parece un plan macabro o una conspiración antinatural para
mantenerte cruelmente alejado de la realidad, pero créeme, no

es verdad. Sin embargo, tener una mentalidad que guía inconscientemente la conducta es una de las mejores estrategias adaptativas a las que la naturaleza pudo llegar para ayudar a un cerebro, tan complejo como el nuestro, a navegar por las increíbles y gigantescas mareas de información y estímulo a las que nos enfrentamos a diario. En realidad, no habría manera de que pudiéramos observar y atender todo lo que ocurre a nuestro alrededor sin volvernos locos, o peor aún, sin quedar rebasados y, por ende, incapacitados para actuar, así que la mentalidad resuelve por nosotros el problema. De forma automática enfoca nuestra atención, maneja nuestra percepción, filtra la información y responde en consecuencia, según las configuraciones del sistema interno.

Es eficiente, *brutalmente* eficiente. Genial, ¿no?

Lo es. La configuración es tan eficaz y competente que, una vez se pone en marcha, va a encargarse de que todas las piezas encajen en su lugar para garantizar que obtengas justa y precisamente los resultados que estás buscando. Ya lo decía Paul Batalden, «todo sistema está perfectamente diseñado para obtener los resultados que obtiene». Tu mentalidad funciona como si fusionaras al conductor de un auto con el encargado de trazar el mapa que habrá de seguir, retroalimentándose constantemente el uno del otro, sin que ambos se den cuenta de que lo hacen. El mapa es increíblemente complejo, lleno de giros y atajos, y el conductor conduce el auto por la carretera, siguiendo la ruta propuesta por el trazador, quien a su vez la reacomoda sobre la marcha conforme al conductor le conviene. El primero está convencido de que, en todo momento, está siguiendo el mapa para llegar a su destino, y el segundo, que está trazando el mapa más fidedigno posible, cuando en realidad ambos se engañan el uno al otro: el mapa siempre apunta a donde el conductor quiere llegar.

Ahora, imagina por un momento que tu *mindset*, o mentalidad, configurada a lo largo de años de experiencias y enseñanzas, gire alrededor de un esquema enunciado de una forma simple pero contundente: «Hay algo gravemente mal conmigo, de modo que todo lo que hago falla». ¿Te parece dramático? Ok, te propongo uno menos severo: «Soy pésimo para los negocios, ¿hay alguna razón para emprender?». Qué tal «Nadie va a quererme nunca», «Vivir es demasiado difícil», o el clásico, «Las personas que amo tienen que quererme exactamente de la misma manera en que yo las quiero». Y uno más: «Si algo puede fallar, fallará».

Piénsalo, piénsalo bien, porque es probable que justo ahora, en este momento, alguna de esas mentalidades esté dirigiendo a tu conductor, mientras el mapa que está siguiendo obsesivamente se configura para llevarte a ese destino que, por más que te atemorice, parece más real que una alternativa más optimista.

«Aquel que se percibe a sí mismo como el "tipo de persona fracasada" siempre va a encontrar alguna manera de fallar, a pesar de todas sus buenas intenciones o su fuerza de voluntad, aun si la oportunidad la arrojan, literalmente, a su regazo —decía Maxwell Maltz, ya desde 1960, en su clásico *Psicocibernética*—.[14] La persona que se concibe a sí misma como una víctima de la injusticia, como uno que está "diseñado para sufrir", invariablemente encontrará a las circunstancias para verificar sus opiniones.» Ahora imagínate si pudiéramos lograr lo contrario; si pudiéramos configurar nuestro sistema para buscar oportunidades, mantenerse optimista, persistir en su camino hacia nuestras metas, y además con una buena actitud, quejándonos menos y sintiendo más satisfacción, y que, además, lo hiciera de forma au-

---

14. Maltz, M., *Psycho-cybernetic principles: A new way to get more living out of life*, Wilshire Book, Chatsworth, CA, (1960).

tomática, inconsciente, sin tener que esforzarse y batallar todo el tiempo.

Es posible. Nuestra mentalidad gobierna nuestras acciones. El conjunto de creencias, presupuestos, reglas y límites que nos autoimponemos determina la forma en que harás las cosas y los resultados que obtendrás, así que de una vez por todas es importante que abras los ojos, pongas atención y trabajes en alterar ese *mindset* de la forma correcta. Para el caso no importa demasiado de donde viene —pero si de verdad quieres averiguarlo, ve a terapia—, sino a dónde te está llevando. Otra vez: «Todo sistema está perfectamente diseñado para obtener los resultados que obtiene», el tuyo también, y tu mentalidad no es más que un sistema. ¿Quieres cambiarlo?

Bien. Lo primero que tienes que hacer es cuestionar la validez de tus esquemas, tus límites y tus creencias. Una mentalidad está totalmente enraizada en tu interior cuando has aprendido a creer que las cosas simplemente son así, y no se puede hacer nada al respecto. Como los peces jóvenes en el discurso de David Foster Wallace:[15] han pasado toda su vida rodeados de agua, nadando en ella, sin prestarle atención, hasta el punto de ser inconscientes de su existencia, de modo que cuando un pez más viejo pasa a su lado y les pregunta «¿Qué tal está el agua?», ambos vuelven a verse confundidos sin saber qué diablos es el agua. No están ciegos, es solo que aceptaron su entorno, sus límites, sus reglas, y ni siquiera lo saben. Igual pasa contigo, tu tampoco estás ciego, es que simplemente aprendiste a no ver… o dicho de otra forma, tal vez aprendiste a estar más cómodo con el NO que ya tienes que con el SÍ que podrías tener… si las cosas cambiaran, o tú hicieras algo diferente. En realidad, cuestiona lo que crees. Aprende lógica, lee libros de filosofía, hazte preguntas, con-

15. Wallace, D. F., *This is water: Some thoughts, delivered on a significant occasion about living a compassionate life*, Little, Brown, Nueva York, 2009.

versa con gente estudiada. ¡Aprende a debatir tus certezas! «Las cosas siempre van de mal en peor.» *No es cierto, nada dura para siempre, y las cosas que no me gustan tampoco.* «Mi vida está echada a perder.» *No, solo es un tropiezo. Duele mucho, pero es una parte de mi vida, no toda.* «Soy un inútil, todo lo malo pasa por mi culpa.» *De hecho yo solo soy un participante en un mundo muy complejo y lleno de gente. A veces me equivoco, pero a veces también acierto.* No se trata de que seas positivo, sino simplemente objetivo. Creer que todo está mal es tan ingenuo como creer que todo está bien. No necesitas ninguna de las dos falsedades. Lo que necesitas es una visión objetiva, que acepta el dolor y la tristeza, la impotencia y la vulnerabilidad, pero que también se superpone a la incertidumbre.

Luego, hazte totalmente responsable de tus pensamientos y tus creencias. Seguro que heredaste tu forma de pensar de tus padres, seguro que fallaron al educarte, seguro que estás lleno de malas experiencias qué contar, pero al final ya lo hablábamos antes, en el capítulo 3: tu vida es tu responsabilidad. Toma posesión del problema, sin importar quién lo provocó, y asume que te toca a ti modificar las condiciones para que, si vas a seguir operando en piloto automático —créeme, así va a ser—, al menos lo hagas siguiendo una mentalidad enfocada en aligerarte la vida, hacerte feliz, y en disfrutar el camino, y crecer.

Todos somos absolutamente congruentes cuando de seguir nuestra mentalidad se trata. En realidad, no hay una cosa tal como incongruencia. Si crees que estar solo es tu destino, harás lo necesario para quedarte solo. Si crees que esta crisis que enfrentas es más grande que tú, de verdad lo será. Si piensas que alguien tiene la culpa de tu dolor, entonces jamás te dejará de doler. ¿Quieres cambiar los resultados? Entonces deja de ser autocomplaciente, autoservicial. Ve adentro y hazte cargo de ti mismo. Eso se llama madurar, eso se llama volverse adulto.

«Ser el propio padre o la propia madre es una forma de describir el mayor logro de la vida adulta —nos dice mi estimada amiga Valeria Villa—:[16] ser capaz de cuidarse, de tratarse con amor, de ponerse límites y respetarlos por convicción, de protegerse de situaciones peligrosas para la integridad física y emocional, de tener un motor interno que funcione lo suficiente como para desear y perseguir todo lo que sea vida y no muerte.»

Para sobreponerte a esta crisis que enfrentas necesitas la mentalidad correcta. Necesitas un *minsdset* enfocado en crecer, cambiar y generar bienestar, salud y vida. A eso se refiere Valeria cuando habla de perseguir todo lo que sea vida y no muerte: a que empieces a tomar decisiones que promuevan el optimismo sobre el pesimismo, la felicidad sobre el conformismo y, sobre todo, la salud sobre la enfermedad.

Se trata de que te sientes, de una vez por todas (justo en este momento si quieres), y alinees tus

creencias

emociones

acciones

intenciones

actitudes

De una forma consciente y voluntaria, medida y estudiada, como lo haría el adulto que necesita lidiar con la confusión, la contradicción, y la duda, para guiar a un pequeño a lo largo de su vida, con todo el amor, la firmeza y la autoridad necesaria. Ese eres tú, en este momento, ese adulto. Encárnalo.

Alinea tu congruencia, toda tu congruencia, en dirección a lograr una estructura vital solida y satisfactoria.

En lugar de seguir empeñado en demostrar que no mereces amor o que las cosas que haces siempre salen mal, cambia la narra-

---

16. Villa, V. (2018). *El Misterio de la Mente y las Emociones.* Mexico: Harper Collins.

tiva, y mejor encárgate de demostrar que si no tienes las herramientas hoy para lograr cosas buenas para ti, habrás de ir a buscarlas hasta encontrarlas. Empéñate en dejar de improvisar, y en cambio empieza a estructurar qué quieres, por qué lo quieres, para qué lo quieres, y ve allí. Ya aprendiste a estructurar metas basadas en valores, ¿lo recuerdas?, ahora sé valiente y genera congruencia. Te necesitas a ti, todo tu ser, para ir más lejos de lo posible.

Solo que esta vez, se trata de ir más lejos.

Tenlo presente (y por eso lo repito por tercera vez): tu mentalidad gobierna tus acciones, y lo hace de forma inconsciente. No puedes estar todo el tiempo luchando contra ti mismo, forzando la congruencia, siendo valiente, siendo persistente. Hasta de eso te vas a cansar. Por eso es tan importante que rediseñes, que reconfigures el sistema; que reconfigures la mentalidad. Por eso es tan importante que vayas al fondo y cambies tus creencias, los límites que te autoimpones, tu forma de ver la vida, los problemas que encuentras, y el sufrimiento que deberías sentir frente a ellos.

Cambia todos esos «Detesto el dolor», por «A veces tiene que doler para saber que algo está mal».

Cambia todos esos «Odio que siempre sea tan difícil», por «El conflicto templa mi espíritu y fortalece mi voluntad».

Cambia todos esos «Esto es injusto, no me lo merezco», por «No necesito que sea justo, solo necesito que sea posible».

Cambia de una vez todos esos «Esto es lo peor que me ha pasado», por «Sí... sí lo es... y aun así quiero enfrentarlo».

Cuando hayas alterado el sistema, cuando hayas modificado el *mindset*, eliminarás la necesidad de esforzarte siempre, y de que sea difícil todo el tiempo, porque de una vez por todas será natural para ti buscar la vida, la salud, el bienestar y la felicidad. Porque por fin, de una vez por todas, estarás incómodo con solo conformarte con sobrevivir. Porque por fin los mejores resultados empezarán a ocu-

rrirte pues crees que son posibles, y no porque estás en un denoda-
do acto de heroísmo a diario, luchando contra ti mismo y tu deseo
inconsciente de caer.

Déjenme que les cuente una historia.

Era 2017. El cine estaba en absoluto silencio, como nunca lo había visto antes. A veces la gente habla entre dientes, ríe un poco, o usa
el móvil. Pero no, esta vez no. Ya habían pasado más de dos horas de
aventura intensa. Con las películas de Christopher Nolan siempre sucede, e *Interestelar* no era una excepción. Después de ver a la tripula-
ción del *Endurance* enfrentarse a la relatividad del tiempo, en un fre-
nético intento por salvar a la humanidad, y frente a probabilidades
insalvables, ahora esperaba lo peor: a pesar de las advertencias de los
únicos dos supervivientes de la expedición, Coop y Amelia, el villano
inesperado de la película, el Dr. Mann, al intentar entrar con su explorador a la nave principal, provocó una explosión que, tras matarlo,
puso al *Endurance* en caída libre, girando frenéticamente hacia la at-
mósfera del planeta que orbitaba, amenazando con destruirlo.

Sin pensarlo dos veces, con una mirada serena, enfocada, grave,
Coop cambia el rumbo de su explorador en dirección a la nave.

—¿Qué haces? — pregunta incrédula Amelia.

—Atracando —responde Coop.

—No es posible— añade el robot copiloto, Tars, calculando
probabilidades matemáticas absurdas en contra de la hazaña.

—No —asegura Coop, sin pestañear—. Es *necesario*.

En ese momento, la música subió de volumen, hasta volverse
casi un estruendo… mientras yo sentía cómo el corazón se me salía
del pecho.

Buen cine. Del mejor, de hecho. Pero no solo se trata de idea-
lizar la ficción, sino de entender que eso es lo que buscamos, que a
eso es a lo que nos referimos cuando hablamos de una mentalidad
en pos de la vida.

Cuando tu mente grite «No es posible», a ti te toca responder «No, *es necesario*», y creértelo.

Porque si no lo haces tú, entonces ¿quién lo va a hacer?

Diseña tu mentalidad y programa tu inconsciente para creer que puedes, para ver posibilidades, para buscar opciones, para responder preguntas, para obtener herramientas, y luego trabaja el hábito de conocerte a ti mismo en profundidad. No eres ilimitado, claro que no, nadie lo es. Pero sí que puedes hacerte consciente de tus límites y de tus fortalezas, de tus pensamientos y tus creencias, y cambiar la narrativa. Mientras más consciente seas, mientras más atención pongas, mientras más te des la oportunidad de migrar a una mentalidad de crecimiento y de salud, más cerca estarás de insistir en ir más allá de lo posible para hacer lo *necesario*.

Bienvenido al poder de la mente… y a la firmeza de la actitud.

11

Apégate a una rutina. Ordena tu espacio. Sé disciplinado.

Cada hábito y capacidad se confirma y crece en sus acciones
correspondientes, caminando al caminar y corriendo al
correr..., por lo tanto, si quieres lograr algo, conviértelo
en un hábito.

EPICTETO

Uno de los grandes problemas de las crisis es que son como un tsunami o un terremoto para nuestra mente: sacuden todo y desbaratan el mucho o poco orden en el que está acomodada nuestra consciencia.

De hecho, hay que decirlo, la mente se desordena con relativa facilidad. Realmente no es necesario estar expuestos a un evento terriblemente disruptivo para introducir caos en nuestro espacio anímico. Día a día, conforme pasan las horas, todo aquello que nos ocurre, las personas con las que interactuamos, así como las decisiones que tomamos, van generando movimientos internos en nuestro pensamiento, forzándonos a acomodar nuestras ideas y expectativas a la realidad, y eso a veces no es agradable. La continua necesidad de adaptarnos al entorno y sus demandas nos lleva a diferente estados de desconcierto o frustración, y si no tenemos cuidado el proceso termina por desacomodarlo todo, arrojándonos al final a estados de ansiedad.

Basta con imaginar que el espacio mental es como tu escritorio de trabajo. En el mejor de los casos, empiezas la semana con tus herramientas distribuidas sobre el espacio de forma armónica y práctica. Sin embargo, conforme pasan las horas y luego los días, el solo hecho de estar ahí, desempeñando tus labores, va llevándote a amontonar papeles, mover el ordenador de lugar, tomar notas, servirte uno, o muchos, cafés, y luego dejar las tazas en cualquier lugar. Te levantas, tomas un poco de aire fresco, regresas, vuelves a mover el teclado, el mouse, después traes al escritorio un par de libros de consulta, los abres y lees durante un rato, buscando información. Ahora sacas una pluma, o un lápiz, y después de escribir un poco lo dejas sobre el escritorio. Así transcurre el tiempo, y de seguir con esta dinámica, ese espacio que empezó ordenado ahora estará lleno de cosas. Sin darte cuenta cada vez irá siendo más difícil seguir con lo tuyo, y tu eficiencia irá disminuyendo conforme aumenta el caos que te rodea. No tenías ninguna intención de provocar desorden, por el contrario, tú solo *estás trabajando*, usando tus recursos, pero el hecho es que mientras más estás ahí e interactúas con los objetos, más movimiento y cambio produces. El desorden es un derivado forzoso de tus acciones, de estar en movimiento, trabajando, así que más tarde o más temprano vas a tener que hacer una pausa y limpiar tu escritorio.

Ahora llevemos la analogía un poco más lejos: vamos a suponer que el espacio en el que está ese escritorio, en una oficina o un estudio, representa tu vida.

Es un lugar relativamente grande y cómodo, bien ventilado y con luz. Te gusta estar ahí. Sin embargo, un día, al terminar la jornada, apagas la luz y te vas a dormir, pero a la mañana siguiente, sin entender por qué, al abrir los ojos te encuentras un refrigerador, sí, un refrigerador, uno grande, de esos de dos puertas, en medio de la habitación. ¿Quién lo ha puesto ahí? No lo sabes. ¿Por qué lo han metido en tu espacio? Tampoco. Simplemente ha llegado. Tú tienes prisa, tienes cosas que hacer, pero el objeto intruso estorba…, trabajar se vuelve difícil, así que quieras o no vas a tener que invertir energía y esfuerzo en acomodarlo, o mejor aún, en sacarlo de ahí. ¿Cómo lo harás? ¿Pedirás ayuda? ¿Te pondrás una faja, buscarás una carretilla y lo cargarás? ¿Simplemente lo irás empujando?

O, en el peor de los casos, llegarás a la conclusión de que es muy complicado, de que en realidad no sabes cómo sacarlo, así que te conformarás con que esté ahí. Te acostumbrarás a su presencia, por difícil que te haga la vida, y seguirás adelante. ¿Te ha ocurrido?

A mí sí. Y no es agradable. Ni necesario.

Porque además, ¿sabes qué es lo peor? Que después del refrigerador monstruoso aparece algo más, luego algo más, y cada uno de los estorbos es más grande que el anterior. No importa quién o qué los pone, acepta el hecho de que, por la sencilla razón de estar viva y convivir con otros, los objetos irán apareciendo y además, nadie los va a sacar de ahí. «Yo no los puse», te escucho decir. «¿Por qué tendría que sacarlos yo?» Bueno, porque es tu espacio. Tú vives y trabajas ahí. Pero sobre todo por lo que ya revisamos en el capítulo 3: esto se trata de ti, y *solo de ti*. Es tu responsabilidad. ¡Hazte cargo y deja de buscar culpables!

Lo que quiero decir con todo esto es que hay una regla, una ley si quieres, que sí tiene explicación, porque tiene que ver con la física[17], y que por transparente que sea, por obvia que resulta, nos

---

17. Si verdaderamente tienes curiosidad, se trata de la segunda ley de la termodinámica o ley de la entropía. Junto con la ley de la conservación de la energía y la materia y la tercera ley de Newton, explican prácticamente toda la existencia que te rodea. *La entropía desvelada*, de Arieh Ben-Naim, es un buen lugar para empezar a leer al respecto.

cuesta aceptarla y, sin embargo, conviene que lo hagas de una vez, porque eso va a ahorrarte un gran desperdicio de recursos, energía, malestares y, sobre todo, enfados: el solo hecho de estar vivo, por estar vivo, en movimiento y acción, genera desorden en tu vida, y para acomodarlo deberás usar toda una variedad de recursos para metabolizar —esa es la palabra clave— el desorden en orden.

Así que aprende a ser disciplinada, es tan simple como eso. Incorpora rutinas a tu vida y por favor habitúate a ordenar tu espacio físico, mental y corporal. Porque lo que estorba en tu vida realmente no son los refrigeradores que alguien mete ahí de la nada, ni tu espacio es un simple escritorio que se desordena al usarlo. El caos es más bien esa enfermedad que surge de la nada, esa pérdida económica que no veías venir, esa muerte de un ser querido que te sorprende, la traición de un buen amigo, las decisiones de los gobernantes del país en que vives —o de aquellos en los que no—, así como la lesión en la espalda que te hiciste al entrenar con pesas, o corriendo o, ¡qué diablos!, quedándote sentada todo el día frente al ordenador. El caos, querida, es la consecuencia natural de estar viva, decidiendo y moviéndote; amando a los demás o no haciéndolo; confiando o siendo suspicaz, da igual. Hagas lo que hagas, tu entorno y todo lo que tú eres, en interacción con él, no deja de transformarse y, por ende, de vez en cuando habrá que ordenar, pese a tus mejores intenciones.

Aprender a limpiar y ordenar es tan importante, o más todavía, que saber planificar.

Rutina quiere decir *adherirse* a un proceso y *seguir* este proceso. Ser increíblemente constante.

Sobre todo significa que dejes de depender solo de la fuerza de voluntad, que aunque vimos en el capítulo anterior, que sí es importante, solo supone la chispa que enciende el motor. Una vez que arrancas necesitas que el *mindset* se haga cargo de los patrones y tus predisposiciones, y que tu consciencia se encargue de apegarse al proceso y seguir paso a paso la rutina que ordena tu espacio, tu mente y tu vida.

Permíteme explicarte algo sobre la motivación, y solo después de eso regresaremos a las rutinas y el orden.

Cuando a la gente le cuesta trabajo hacer lo que tiene que hacer, lo que es necesario para obtener buenos resultados, casi siempre argumentan: «Es que no encuentro la motivación». Lo he escuchado tantas veces que ya he perdido la cuenta. Yo mismo lo he dicho (¿tú no?), pese a que es una terrible mentira.

¿Te has preguntado por qué no sirve la motivación repentina y espectacular momentánea como la que obtienes, digamos, al salir de la conferencia, o de un curso? ¿Por qué al pasar las horas, la tremenda y aparentemente inagotable energía que te hizo gritar voz en cuello ¡sí quiero!, va desfalleciendo irremediablemente? Pues porque por más emocionado e inspirado que estés, mañana seguirás siendo la misma persona. ¿Mañana he dicho? No. Ahora. Justo ahora tú eres la misma y exacta persona que entró a ese curso, que escuchó esa charla, y lo cierto es que gritar, asegurar, prometer, no te ayudó a lograr o a superar absolutamente nada.

Así. Nada.

De modo que la motivación se desinfla. Encendiste la llama y eso está bien. Pero la llama necesita algo más. La llama necesita saber que caminas, saber que te mueves, saber que construyes. La llama necesita resultados. Y tú también.

«De hecho —dice Jeff Haden—, la motivación es un resultado. Es el orgullo que te llevas de un trabajo hecho, lo cual propulsa tu deseo de hacer mucho más.» La motivación, insiste, no es una precondición; no es algo con lo que llegas al reto y que te mantiene ahí, sino más bien lo que obtienes cuando llevas a cabo las acciones, cuando esas acciones generan movimiento y, solo más tarde, ganancias. «No necesitas motivación para partirte el lomo. Pártete el lomo y entonces te sentirás motivado.»

Así pues, la evidencia parece indicar que la mejor manera de motivarse y mantenerse motivado, es elegir un objetivo, el que sea, sin importar cuán ambicioso o enorme sea, luego estructurar todos los grandes y pequeños pasos y procesos que te van a llevar hasta él, y ejecutarlos, uno por uno, sin detenerse. Actuar y seguir actuando. Sentir que estás logrando algo porque *en realidad* estás logrando algo. El progreso provee motivación, la cuestión es que no puede haber progreso si simplemente no te mueves.

Así que, por favor, acepta de una vez que la energía repentina que estás esperando, ese relámpago mágico que habrá de inspirarte y sacarte del letargo, no va a llegar nunca por sí mismo. Nadie puede dártelo, créeme, tampoco es obligación de la vida, o del universo, poner las cosas que necesitas en tu camino. Están ahí, no tengas duda, esperando a que salgas de ti mismo y tus dudas, y de que vayas en pos de ellas. Están ahí, sí que lo están, pero a veces están lejos, a veces necesitas recolectarlas y armarlas, y muchas de ellas solo hacen su magia hasta que las acomodas en el orden y configuración correctos.

¿Lo que te estoy diciendo te hace sentir motivada?

¿No?

Claro que no. Porque ahora tienes que hacer este libro a un lado, ir a por una libreta (a mí me encantan esas de pasta dura, como las Moleskine) y confrontar la realidad. Lo que sea que te haya tocado perder, ya lo has perdido, y lo que sea que quieras construir es válido, pero tienes que estar dispuesta a hacer lo necesario para llegar hasta ahí, y a menos que seas habitante de la quinta dimensión, para ti el tiempo es lineal, así que la única forma de llegar al futuro es caminar en el presente. Es tener en cuenta tanto tus limitaciones como tus fortalezas, y preguntarte: «¿Qué-quiero-para-mí?».

Toma la libreta y empieza por ahí. Empieza por poner en letras grandes un par de declaraciones poderosas

quién soy

qué-quiero-para-mí

y comprométete.

No conmigo, ni con la libreta. No con las personas que esperan algo de ti. Comprométete contigo misma.

Los objetivos materiales pierden valor con el tiempo, amén de que siempre, siempre aparece en el mercado algo más atractivo, más valioso, que deberías tener; algo que va a llamar tu atención y que promete levantar tu autoestima, aunque sea por cinco segundos. Agradar a los demás u obtener su aprobación es frágil; nunca sabes quién va a apoyarte y quién no. Además, con frecuencia las personas que esperas que estén a tu lado y se sientan orgullosas de ti a menudo no lo hacen, así que tampoco nos va a servir. Y sabes, es que ya lo he dicho montones de veces en este libro —y lo seguiré haciendo—, esto se trata de ti, de modo que si no puedes comprometerte contigo misma y con la promesa de que vas a hacer todo lo necesario para construir objetivos basados en valores y virtudes (has aprendido cómo en el capítulo 8), entonces no hay nada más que hacer. Nada asegura que hagas lo necesario, lo que debes, como estar comprometida, involucrada, implicada, envuelta, con y en esos principios que se supone constituyen tu identidad. Lo que te estoy pidiendo aquí es que formalices una obligación, una fidelidad, que incluso en los peores días, *sobre todo* en los peores días, cuando menos ganas tienes de hacerlo, te saque de la cama y que un pequeño paso te ayude a regresar a esa vida que tienes y vivirla. Encontrarás la motivación en la confianza que vas ganando, poco a poco, de que sí puedes hacerlo, de que sí puedes lograr cosas, de que sí puedes salir de esto, y más aún, construir resultados, si te empujas un poco a diario, y luego permites que esa confianza y orgullo, esa sensación de logro, vaya permeando otras áreas de tu vida, hasta que cumplir con tu obligación, con tu rutina, sea tan natural y necesario como comer o dormir.

A partir de ahora no vuelvas a repetir «necesito motivación».

Empieza a decir «yo *construyo* la motivación».

Empieza a decir «yo *hago* estas cosas».

Permite que tus hábitos hablen de tus valores y que entonces se conviertan en parte de tu identidad. Con el tiempo, conviértete en aquello que repites.

Vuelve a la libreta, a esa que dice *quién soy* y *qué quiero para mí*, y diseña tu rutina.

Porque como dice Jordan Peterson, «la rutina y las tradiciones son orden; son el remedio para el caos».

Y ahora, por fin, es momento de atender tu escritorio, tu estancia, y ese desorden, ese refrigerador que apareció de la nada y con el que tienes que lidiar. De vez en cuando tendrás que pugnar con el desorden, con el caos, con la incertidumbre y con todo lo que apesta de tu vida. Trata de aceptar que organización y confusión, limpieza y suciedad, agradable y desagradable, son dos posiciones de la vida; dependen la una de la otra. Al hacerlo te será más sencillo dejar de perder tiempo en responder la pregunta «¿Por qué tengo que ordenar?», y en cambio estarás más dispuesto a hacerlo… pues, porque sí (aquí es donde me imaginas encogiendo los hombros, como ese emoticono que tienes en tu teléfono 🤷).

Me gusta pensar que el orden es la disposición adecuada de las unidades que constituyen un todo. Una disposición que despierta en nuestra mente la sensación de gozo porque apela a la belleza. Por eso, más que pensar en buscar diferentes tipos de orden para lograr muchos diferentes tipos de resultados, intenta simplificar las cosas y abordar el orden como esa armonía entre las cosas que genera buen funcionamiento porque, para empezar, es estético, proporcionado y equilibrado. El resultado obvio de esa armonía es que las partes en conflicto se ordenan, se disminuye la fricción, y todo marcha mejor.

Genera belleza y encontrarás orden.

Pero para generar belleza y armonía necesitas ser disciplinado, sin importar lo poco que te guste o lo poco capacitado que creas que estés para ello. La buena noticia es, créeme, que para acceder a la disciplina «solo» tienes que elegir un set, primero pequeño, y luego un poco más grande, de acciones a repetir diariamente. Eso es todo.

Levántate a la misma hora, a diario. ¿Los fines de semana también? Sí, también.

Desayuna más o menos a la misma hora, pero intenta variar los alimentos. De preferencia cocina tú.

Haz tu cama. Dobla tu ropa, o cuélgala. Ordena tus zapatos.

Lava los platos que usas, después de usarlos. No acumules.

Haz ejercicio. 20 minutos… o si puedes una hora.

Pregunta a las personas con las que convives cada mañana «¿Cómo estás?» y siempre diles «Te quiero» Manda mensajes de WhatsApp para saludar a quienes no tienes cerca, y luego ponlo a un lado mientras haces tu trabajo.

Arréglate, aunque no tengas reuniones, o citas…, y más aún si no tienes ganas.

Reza u ora un poco. Si no te gusta rezar, como a mí, entonces medita. Pero crea un hábito de asignar orden a tu clima emocional-espiritual.

Lleva un diario contigo. Anota pequeñas cosas; ideas, desahogos, soluciones. Usa el lenguaje para poner en orden tu pensamiento.

Todo esto apenas tiene que ver con mantener en orden tu mundo, tu espacio, tu persona y tu vida. Recuerda que muchas de tus frustraciones relacionadas con el control tienen que ver con un mal manejo de tu tiempo y tus espacios. ¿Te has preguntado por qué siempre vas corriendo, apagando incendio tras incendio, sin tiempo ni libertad? Porque vivir sin límites, de hecho, es la mejor manera de contribuir a la creación de caos (que de todas maneras pasa), y en cambio añadir disciplina a tu vida así como apegarte a hábitos genera libertad. Con buenas prácticas económicas, poco a poco irás preocupándote menos por la falta de dinero; cuidando tus costumbres de salud tu cuerpo funcionará mejor y tendrás más energía disponible para trabajar y solucionar problemas; al atender tus usos del espacio, las cosas que integras a él, de las que te deshaces, y las nuevas que adquieres, te sentirás más a gusto, cómodo. En suma, si te encargas desde ya a poner en orden las cuestiones elementales de tu vida, lógicamente tu vida será más sencilla y tendrás más oportunidad de construir, crear y prosperar. Desorden fuera, desorden dentro, es tan simple como eso.

«La organización y la planificación de nuestras actividades tiene un carácter preventivo y, a la vez, multiplicador del tiempo —asegura Enrique Rojas— Preventivo, porque impide que los acontecimientos nos arrastren a su paso y no podamos ensayar una solución satisfactoria; prever, adelantarse, anticiparse a los hechos con una cierta cautela. Multiplicador quiere decir que, con orden, el tiempo se multiplica y una persona llega a casi todos los objetivos propuestos, porque distribuir bien el tiempo es saber sacarle partido.» [18]

El asunto es que a nadie le gusta limpiar. ¿Sabes por qué? Porque limpiar no solo demanda actividad cosa que es laboriosa y cansada. El problema mayor es que para limpiar siempre, siempre, tienes que tirar cosas. Ordenar no solo se trata de encontrarle un lugar a tus pertenencias y, sobre todo, a tus pensamientos, se trata de

---

18. Rojas, E., *La conquista de la voluntad: cómo conseguir lo que te has propuesto,* Temas de hoy, Barcelona, 2012.

dejar ir lo que estorba, lo que ya no tiene lugar, lo que ya no sirve, lo que es viejo y no aporta valor, ya no digamos tradicional o como recuerdo, sino práctico, inteligente, saludable. Implica, como te dije un poco más arriba, transformar, *metabolizar*.

Metabolizar quiere decir usar tu metabolismo para convertir una sustancia en otra que puede ser asimilada, y utilizada, por tu organismo. Se trata de la prueba fundamental de que estás vivo: comes, respiras, y tu cuerpo se encarga de tomar lo que entra, transformarlo mediante complejos mecanismos químicos, quedarse con parte de ese resultado y desechar el resto.

Tomar, usar y dejar ir.

Tu cuerpo, de hecho, es un oponente activo de la entropía y el caos. Haciendo uso de ese metabolismo, lucha contra la vejez, la enfermedad y el deterioro. Cada una de tus células y de los órganos que constituyen, operando en conjunto y equilibrio, como una gigantesca orquesta sinfónica, no solo para mantenerte vivo, sino para evitar que todas esas porquerías que ingieres cuando tienes ansiedad o aburrimiento —por ejemplo—, te maten rápidamente. Siempre en pos de la vida, siempre dispuesto a hacer lo mejor que puede con lo que tiene, tu cuerpo limpia, limpia, limpia, hasta el final de sus días.

Sería una buena idea aprender a hacer lo mismo con nuestra mente, de forma consciente, voluntaria, ¿no crees?

Estar en crisis ya es suficientemente malo; tener que salir de ella, suficientemente complicado. Por favor, no lo hagas más dificultoso llenándote de basura física y mental y, peor aún, huyendo de los hábitos y la disciplina que mantendrá el mundo que te rodea, tu periferia inmediata de vida, en orden y buen funcionamiento.

La ansiedad de estar en crisis va a intentar llenar tu mente de pensamientos absurdos, irracionales, dolorosos, perturbadores, casi siempre porque no tiene nada mejor que hacer. Como si estuvieras en un túnel (¿lo recuerdas?), tu atención se enfocará en tu malestar y en tus temores, atraída por los problemas y la negatividad, empezará a estrecharse, concentrada en la escasez de opciones y en lo mal que se ve todo. Recordarás cuánto te dolió el pasado, lo traicionada o estúpida que te sentiste, sentirás culpa, o rencor, o todo al mismo tiempo, y luego mirarás hacia el futuro, imaginando nuevas frustraciones, peores escenarios, nulas posibilidades, y te encerrarás en ti misma. Eso es normal, a todos nos pasa. Pero lo que exige una vida de principios, una vida de lucha, una vida de prosperar, es actuar de forma que va más allá de lo normal. Por eso, aquí y ahora, te pido que acredites tu dolor, que contemples y aceptes tus miedos, que sostengas en tus manos tus culpas y autorreproches, y escojas vida.

Escoge vida.

Escoge seguir adelante.

Escoge cambio.

Escoge metabolismo.

Escoge orden, disciplina y amor.

Escoge *vida…*

Y ve un paso cada vez, un paso cada vez.

Repite, repite, repite. Repite poniendo atención, haciéndote consciente de cada movimiento, cada acción, cada sentido, cada propósito, cada razón, cada por qué y para qué. De cada resolución que suma valor a tu vida y tu existencia. Repite hasta que sea natural optar por estar bien, por cuidarte y por sumar belleza y armonía a tu ser. Deja que esa belleza haga tus momentos más agradables, y que se propague a todo lo demás que haces. A tus pensamientos, tus emociones, tus estados de ánimo, tus interacciones con los demás, que se propague a las cosas que das y a las que recibes, a la manera en la que te expresas, las palabras que usas y los argumentos que propones, tanto en tu interior como en tu exterior.

Escoge vida.

Deshazte de todo aquello que implique muerte.

Tú sabes a qué me refiero. Tú sabes de qué se trata.

Es hora de vencer el desánimo, el sinsentido, el caos, con rutinas y hábitos.

Limpia, ordena, y al hacerlo, ve construyendo poco a poco valentía, flexibilidad, perseverancia, amor propio, autoestima, responsabilidad.

Empieza pequeño, sigue más grande.

Y por favor deja de negociar contigo misma. Algunas cosas deberían ser no negociables, de modo que cuando tienes que hacerlo, tienes que hacerlo. Deja de actuar como si tuvieras opción, como si de verdad pudieras hacerlo, como si hubiera un mañana en el que estarás más lista, más preparada, más inspirada, más motivada. No tienes opción. Aprende a vivir de esa forma, aceptando el reto, y actuando como si en verdad esta fuera una lucha que quieres pelear.

¿Vas a ganar? No lo sé. No se trata de eso.

Tu trabajo no es ganar. ¡Tu único trabajo es no-romper-la-secuencia!

Fija una meta, no esperes a estar en el momento correcto, empieza donde estás, usando lo que tienes. Desglosa tus tareas en actividades precisas, exactas, y registra tus avances en tu libreta, o en un calendario, ¡o en donde quieras!, pero ponlos por escrito; regresa a ellos, léelos, comprométete, e insiste. Lleva un diario, anota lo que piensas… y crea el hábito de revisar a menudo tus creencias, supuestos, juicios y predisposiciones.

Es simple: trabaja de forma consistente, apégate al proceso, haz lo que tienes que hacer, día tras día. Si te dedicas a este mecanismo, a esta metodología, a esta secuencia, el progreso es inevitable; el cambio, ineludible; tu crecimiento, inaplazable.

Hace tiempo que mi esposa y yo acompañamos a nuestros mejores amigos a su entrenamiento de *jiujitsu*. Nos sentamos en una esquina, mientras los vemos realizar diferentes movimientos de lucha, sorprendidos por su aguante, técnica y estrategia. Es algo portentoso de ver. Un día, tras un rato sentado en mi rincón, alcé la vista y me encontré con una foto y una frase en la pared. Me quedé un rato leyéndola y reflexionando al respecto. Al final, por supuesto, estaba en el lugar perfecto, una sala de entrenamiento, pero lo cierto es que si lo piensas bien, la vida, todo lo que pasa en ella, las personas con que te relacionas y los obstáculos que confrontas, así como los aprendizajes que te llevas y las alegrías que te animan el corazón, realmente es como un *dojo* de artes marciales.

Esta es la foto, y en español, esto es lo que dice:

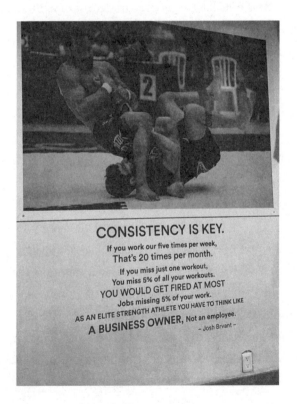

La consistencia es la clave.

Si entrenas cinco veces por semana,

eso resulta veinte veces por mes.

Si faltas a un solo entrenamiento,

te pierdes el 5 por ciento de todo ese entrenamiento.

Te despedirían en la mayoría de los trabajos

si desatendieras el 5 por ciento de tus cometidos.

Como un atleta de fuerza de alto rendimiento tienes que pensar,

como el dueño de un negocio, no como un empleado.

Josh Bryant

Esto es disciplina. Esto es compromiso. Esto es orden.
Esto es belleza.
¿Estás dispuesto a vivir de esta forma?

11.1

Si toleras el desorden, al menos no añadas más

A veces, esto también es verdad, vas a querer dejar el refrigerador en medio de tu habitación. Y eso no tiene absolutamente nada de malo.

Al terminar el capítulo anterior y releerlo, me di cuenta de que hacía falta añadir algo más, una especie de adenda, así que henos aquí, con la intención de dejar muy claras dos cosas:

1. De preferencia, siempre intenta limpiar y ordenar tu vida, tu espacio y tu mente. Trata de ser disciplinada y nunca romper la secuencia de prácticas que constituyen el proceso que habrás de seguir para llegar de A a Z, es decir, de donde estás ahora a donde quieres estar para ser y vivir como tu mejor versión; para estar en ese final de la historia que te mereces.

2. Pese a tus mejores intenciones, tu mayor motivación y la rudeza de tu fuerza de voluntad, es un hecho que a veces el dolor, el cansancio, la tristeza, el malestar —o todo junto— serán tan grandes que no tendrás la energía suficiente, o el deseo, para limpiar y ordenar.

Por favor, quiero decirte aquí y ahora que eso está bien. Que este libro, estas palabras, no son un fuste, o peor aún, uno de esos discursos *New Age*, ultrapositivos, genuinamente tiránicos, fallidos y, en última instancia, mentirosos, que intentan decirte que con buena actitud *todo* es posible, de modo que si no puedes ponerte de pie en este momento el problema es tuyo y deberías sentirte culpable. No señor. *Nunca.* Detesto profundamente ese tipo de motivación, de falsa positividad y optimismo, que en realidad solo generan una verídica autodestrucción. Querida lectora, por favor, yergue la cabeza y levanta la mirada, claro. Apunta alto. Mientras tanto, te lo suplico, sé amable contigo misma. Porque ¿sabes?, a veces, de verdad, sí te romperán el corazón. A veces, de verdad, lo habrás perdido todo, o mucho. A veces estarás enferma, y tu cuerpo te dolerá. A veces, maldita sea, necesitarás quedarte quieta, muy quieta, descansando, reponiéndote, o simplemente tratando de dejar que pase la tormenta.

Hazlo, de verdad. Hazlo… pero hazlo a consciencia.

A lo que me refiero es que, si prefieres dejar el desorden (o al menos parte de él), como está, no lo hagas huyendo o mintiéndote para evitar la culpa, la crítica de los demás o el autorreproche. Tienes derecho a hacerlo cuando tú quieras, cuando tú lo determines, así que el autoengaño es innecesario. Elige quedarte quieta, decide no moverte, pero hazlo porque así quieres hacerlo.

Solo trata de entender esto: se trata de una elección peligrosa, y debes tenerlo claro, justamente, para hacerlo con cuidado.

El desorden, ya lo vimos, tiende a generar *más* desorden, pues de por sí progresar a ese estado es la forma natural de las cosas; por ende, si lo admites en tu vida existe la posibilidad de que se multiplique.

Dicho de otra manera: si vas a dejar el refrigerador en medio de tu habitación durante un tiempo, es fundamental que no metas tú más cosas que se añadan a la desorganización o a la confusión. Ya de por sí el caos en el que estabas es malo, así que no lo hagas peor ahora tú.

Por otro lado, y esto es lo más importante, si vas a elegir no atender en este momento el desorden, entonces debes tener la convicción de que el tiempo que te vas a dar es para descansar, reponerte y, sobre todo, cuidarte. Esta elección no puede ser una excusa para maltratarte más, o para caer en prácticas autovictimizantes o egoístas (ya sabes: comer o beber alcohol en exceso, aislarte de los demás, quedarte quieta en la cama o en un sillón, quejarte de todo, etc.), porque eso en realidad ni es elegir, ni es hacerte consciente de las cosas.

El consejo, aquí, es muy claro: usa el tiempo que te estás regalando para, verdaderamente, enfocar tu atención y tu mente en sanar tus heridas, en reponer energía y en dirigir a ti misma cuanto amor propio y compasión te sean posibles. Que sea un momento de cariño y reflexión, en el que usas la filosofía, el pensamiento y el autoexamen (¿ya te dije que vayas a terapia? Sí, ya), para entenderte y reponerte. No se trata de una excusa para llenar vacíos que, para empezar, no tienes, sino para contemplarlos, aceptarlos y prepararte para lo que sigue.

Si todas estas palabras te dan sentido, entonces elige y relájate por un momento.

Porque después, más tarde o temprano, si de verdad quieres seguir adelante con tu camino de salida a la crisis y tu crecimiento, tendrás que sacar el refrigerador de ahí... Después, si quieres retomar tu vida, la disciplina será necesaria.

Y sí. Es difícil. Sí, es doloroso.

No, no se trata de esperar a estar lista. Nunca lo vas a estar.

Se trata de autoquererte. De ser buena y amable contigo misma.

Así que hazlo, y hazlo con toda el alma.

Luego, regresa a la batalla.

Porque aún hay mucho que hacer.

12

Empujar y resistir. Insistir y persistir

Si estás pasando por el infierno, sigue adelante.

WINSTON CHURCHILL

Dos palabras deben estar comprometidas con la memoria y
obedecidas alternando entre máximo esfuerzo y restricción,
palabras que aseguren que llevemos una vida principalmente
sin reproche y sin problemas: persistir y resistir.

EPICTETO

La cuestión es que a veces el desorden es demasiado. A veces es
excesivo, o intenso, y ni tus mejores estrategias pueden ordenarlo,
al menos no rápidamente. A veces tu talento, inteligencia o disciplina no es suficiente. A veces tus esfuerzos no alcanzan. A veces
tendrás que resistir.

Roque aún recibía las ondas de choque de la explosión de su
fallido matrimonio y de su peor divorcio, al tiempo que las cosas en
su trabajo iban de mal en peor. Poca venta, nulo crecimiento, y sí,

un buen sueldo, pero entretejido con una tensa relación con su jefe y una motivación por trabajar muy reducida, que además menguaba día a día, las cosas parecían no poder ir peor. O al menos eso creía... hasta que ese coche apareció de la nada, le cerró el paso, y tras el inevitable impacto, salió volando, literal, hasta el suelo. Verán, en el divorcio, Roque había decidido quedarse con pocas cosas materiales, ¿para qué?, no quería pelear más con su ex, y entre lo que dejó ir, estaba su coche. Así que con la necesidad de transportarse se había comprado una motocicleta de esas de estilo italiano, que corría poco y no era muy segura (¿alguna moto lo es?), pero al menos lo llevaba de un lado para otro. En fin, que ahora, tendido en el suelo, todavía sin sentir los primeros efectos del impacto, veía venírsele encima su motocicleta, económica, sí, y no muy grande, pero bastante pesada, y con una buena inercia impulsándola, hasta caer encima de su pierna.

La fractura fue grave. Su tibia izquierda había quedado fracturada en tantos pedazos que, cuando me mandó por WhatsApp una foto de la radiografía, abrí los ojos y solo pude decir «j...er».

Operación, yeso y rehabilitación. Todos nos sabemos los pasos.

Lo que muchos no sabemos es que cada uno de ellos genera mucho dolor. Que cada uno de ellos requiere un diferente tipo de adaptación, de recuperación, y que todos implican una operación común que, cuando estás angustiado por el dinero, la situación económica, el bien de tu familia y tu propio trabajo, parece casi imposible: quedarte quieto. Y eso fue exactamente lo que Roque hizo, quedarse quieto, durante varios meses. Sus hijas, monas ellas, le decoraban el yeso con bonitos dibujos, y él sonreía, apretando los labios como acostumbra, suspirando aquí y acá, y mentando madres, allá y acullá, no por los dibujos, no... estos eran un alivio, sino por el deseo constante de salir corriendo y dejar todo atrás. Arrancarse el yeso y ponerse a trabajar, o desahogar su enfado con alguien.

Así que pasaron los meses, y Roque resistió. Al final es como un duelo, ¿saben? Te golpean las circunstancias, literal, y tú te quedas así, con el alma en vilo. Luego todos tus planes y proyectos se desbaratan, y ahí es cuando comprendes que hay que cambiar. No quieres, desde luego que no, pero la vida no te ha preguntado si preferías fractura, esguince, o un pase libre. No señor. En cambio, pasan los meses, y tú en una silla, la pierna estirada, el tiempo corriendo y, sin lugar a dudas, cómo decía Hitchens unas páginas atrás, la imagen del guerrero es la última que crees que te representa cuando no haces nada más que tener paciencia, mientras aguardas a que tu cuerpo se recupere. *¿Guerrero? ¡Claro que no!*

Y, sin embargo, eso es exactamente lo que Roque era. Porque si en tu cabeza tienes la idea de que aquel que lucha es una persona que está en constante movimiento, ganando cada batalla, asestando golpes y estocadas, con precisión matemática en cada asalto, o has visto demasiadas películas de Errol Flynn (¿quién?) o estás mal informado. En realidad un guerrero es el que pasa más tiempo haciendo estrategia, entrenando su mente, sus sentidos y su temperamento, viajando entre campos de batalla, que el que deja el suelo tapizado de cartuchos percutidos. Hay muchas formas, créeme, de ser valiente, y no todas implican impulso, temeridad y arresto. Algunas, en cambio, suponen tolerancia, aguante, ecuanimidad, pausa.

Roque se recuperó, y se recuperó bien. Hizo su tarea. Después de un tiempo se movía mejor y ya podía ir al trabajo. Pero entonces ocurrió algo no del todo inesperado: decidió dejarlo.

El reposo le había dado bastante qué pensar, entre ello que no estaba dispuesto a pasarse los siguientes años detestando cada momento de su vida profesional, así que dado que las cosas en la oficina iban cada vez peor, dio un salto, asumió el riesgo y se marchó. Roque es un buen fotógrafo, y él lo sabía, así que aquel resultaba el camino obvio: hacer lo que hacía mejor. Y lo hizo. Fue un inicio difícil, eso es obvio, pero al pasar del tiempo puedo decirles que ese hombre se convirtió en uno de los fotógrafos más reconocidos en el ámbito de la relojería, tanto en México como a nivel internacional. Su técnica, meticulosidad, enfoque y manejo son simplemente impecables, y cada una de sus tomas lo confirma. No les voy a decir que es miel sobre hojuelas a partir de ahí porque la labor es difícil, las inacabables jornadas frente al ordenador, editando fotos, extenuantes, no obstante Roque sigue y seguirá. El es mi ejemplo de *resistencia*.

—Lo que debes contar —me dijo, acre, cuando le pedía permiso para usar su caso— es que tu ejemplo no acaba de entender para qué diablos sigue resistiendo. Esa es la ironía.

—Porque eres un buen hombre —le respondí—. Y no tienes opción. Tu y yo sabemos que no lo harías de otra forma.

Querido lector, quiero que te imagines a ti mismo, de pie, tan fuerte y sólido como puedas, ¿de acuerdo? Ahora imagina también una fuerza imparable, imposible, impactando contra ti. Su embate te lastima, y aguantar de pie te cuesta trabajo. Incluso, pones tus manos al frente, cruzando los brazos, en un desplante inclinado, haciendo lo mejor que puedes para sobrellevar la corriente, pero a pesar de todo, su ímpetu es tanto que termina por echarte unos metros para atrás. Estar ahí, sometido a la acometida, ha requerido de ti gran parte de tu energía, aunque lo haces bien. Después de un tiempo, como pasa con todo, la fuerza declina, hasta que termina por desaparecer, y en el lugar solo quedas tú. Cansado, dolido, pero ahí estás.

«¿Qué hacer ahora?», te preguntas. El cielo está claro, nada te golpea. Todo parece tranquilo y despejado. Poca, o ninguna fuerza, se opone en tu camino.

Ahora empujas, eso haces. Ahora empiezas a caminar hacia delante, llevando contigo todo lo que has aprendido hasta ahora. Haces tu duelo, que es grande y penoso, recuerdas que se trata de ti, que a la gente buena le pasan cosas malas, serenas tus emociones, te enfocas en volverte el protagonista de la historia, y te decides a contarla, construyes nuevos objetivos, basados en valores, y mientras vas poniendo en orden tu economía y tu espacio material, cambias de estrategia, dejando ir lo que no puedes controlar, pero enfocándote en tus fortalezas. Tu mentalidad, tu *mindset*, ha cambiado, y a través de la disciplina vas a apegarte a una rutina, a un proceso, a una secuencia, y te comprometes contigo mismo a no romperla, pase lo que pase. ¿Qué haces ahora? Ahora avanzas, querido lector. Avanzas, porque el momento es propicio, porque el camino está despejado, y eres una buena persona. No tienes opción, ni quieres tenerla.

Esto es lo que debes entender: que a veces serás arrastrado por la corriente, y que por más fuerte que seas, habrás de retroceder, eso está bien. En esos momentos deberás ser paciente. El momento no es propicio, así que la respuesta más sensata es *resistir*. En otros, las condiciones serán mejores, incluso a veces mucho, muchísimo mejores. Puede que hasta aparezcan oportunidades en el horizonte que ni veías venir, o que gente que no suponías que lo haría, venga en tu ayuda. El peso es menor, así que moverte será más fácil. Mientras avanzas tendrás días tristes, porque recordarás lo perdido, o te dará miedo, porque no sabes si estarás a la altura de lo que viene. Sea como sea, el momento es propicio; lo es. Aprovéchalo… *Empuja*, ahora esa es la respuesta sensata. Cambia, ajústate, camina… gana terreno, ¡tanto como puedas!, porque después de un tiempo la fuerza que golpea regresará, y te dará nuevamente con todo, echándote unos metros hacia atrás. Cuando amaine otra vez —y lo hará—, suspirarás, y volverás al paso constante.

Así es esto, no me preguntes por qué. Momentos propicios, momentos adversos, oscilando entre sí, apareciendo de pronto, quitándote cosas y después dándote otras; negándote primero un camino, y luego presentándote uno distinto.

Lo que sí sabemos, y la ciencia ha hecho bastante para confirmarlo, es que la perseverancia es la forma en la que logras que las cosas que quieres, pasen. Angela Duckworth sabe mucho de esto, pues lleva años investigando sobre la persistencia y algo que en inglés ella llama *grit*. La palabra no tiene traducción directa al español, y es una pena, porque el concepto es genial para describir, en una sola expresión, el cúmulo de fuerzas que se requiere desarrollar y ejercer para mantenerse fieles al camino y a la práctica. *Grit* se entiende como gravilla; partículas duras, ásperas, de piedra o arena, o también como coraje y determinación (cuando lo busqué en el traductor de mi teléfono, la aplicación me sugirió la palabra «agallas», pero me imagino que en esta época de sensibilidad y corrección política no va a pegar esa expresión, ¿verdad? Lástima). A mí parecer, se trata de una idea de esas que llamo «paraguas», es decir, que al abrirse engloba debajo muchas ideas más. Prefiero, pues, que nos quedemos con el símbolo que representa: la dureza de la grava, el brío del carácter, la serenidad de la paciencia, la osadía del empuje, la valentía frente al miedo.

Eso es persistir; eso es insistir.

«Sin importar cuánto vale el talento —asegura Duckworth—, el esfuerzo vale el doble […]. Sin esfuerzo, tu talento no es más que un potencial no cumplido. Sin esfuerzo, tu habilidad no es más que lo que podías haber hecho, pero no hiciste.» Más adelante, continua: «Quedarte en la cinta para andar es una cosa, y creo que está relacionado con mantenernos fieles a nuestros compromisos, incluso cuando no estamos cómodos. Pero volver a ella al día siguiente, ansioso por intentarlo de nuevo, es en mi opinión aún más reflexivo que la perseverancia. Porque cuando no vuelves al día siguiente, cuando permanentemente evitas el compromiso, tu esfuerzo se desploma a cero. Como consecuencia, tus habilidades dejan de mejorar y, al mismo tiempo, dejas de producir cualquier cosa con las habilidades que tengas». [19]

Me encantan los resultados de su investigación, y la forma en que confirman años y años de filosofía.

Para Duckworth, eso que ella llama *grit*, crece conforme vamos descubriendo nuestra filosofía de vida, aprendemos a sacudirnos el rechazo, la frustración, y nos volvemos capaces de distinguir entre «metas de bajo nivel que deberían ser abandonadas rápidamente, y metas de alto nivel que demandan de nosotros más tenacidad». Los intereses que motivan nuestros esfuerzos no se descubren solo en la reflexión, sino en la interacción con el medio ambiente, en un proceso de descubrimiento que es «caótico, aleatorio e ineficiente», pero solo porque no puedes predecir el futuro, y por eso estás forzado a experimentar, descubriendo qué hábitos funcionan y cuáles no; qué procedimientos te llevarán a los resultados que buscas y por qué.

En suma: sal y ensúciate.

Sal y busca.

Porque aquí dentro, en tus pensamientos y reflexiones, no vas a encontrarlo.

¿Garantías? No. De esas no hay.

Bueno, sí, hay una. Deja de insistir, deja de persistir, rompe la secuencia, falta al compromiso, y está claro que te quedarás donde estás. En cambio, aprovecha el momento, toma lo que hay, experimenta, aventúrate, prueba, cáete y levántate, y te aseguro algo, puede que no logres lo que quieres, al menos no enseguida, pero al menos aumentas drásticamente las posibilidades de conseguirlo, y eso debería bastarte. Eso representa esperanza...

---

19. Duckworth, A., *Grit: The power of passion and perseverance*, Scribner, NuevaYork, 2018.

154 • NUNCA TE RINDAS

Así que aprende a observar. Quédate quieto cuando es necesario y empuja cuando puedas. Gana terreno, para que cuando el golpe venga de nuevo, solo retrocedas un poco. Si en cada oportunidad, si en cada intermedio entre embates, avanzas mucho, eventualmente llegarás.

Antes de terminar este capítulo, una nota personal.

En el momento en que escribo estas palabras, mi esposa, mis perros y yo estamos en el día 241 de aislamiento,[20] durante la pandemia del coronavirus del año 2020. Querido lector, no sé cuándo vas a leer esto. Puede que para entonces la crisis ya haya pasado, las vacunas hayan resultado eficientes, o se haya descubierto algo nuevo, y todos estemos en el proceso de retomar, o mejor dicho, construir, un concepto renovado de normalidad. Por ahora, llevo todos estos días, 241, sin ver a mi familia, sin comer fuera de casa, sin salir a caminar más de un par de calles, usando constantemente la mascarilla, desinfectando cada cosa que entra en la casa, y sin haber sonreído o dado la mano a un desconocido. Hemos pasado, los que vivimos juntos, y muchísima gente —me consta— por momentos de angustia, enojo, tristeza profunda, reflexión, impotencia y dolor. Seguro que tú también, donde sea que te encuentres. Muchos hemos perdido seres queridos, directamente por consecuencias de la covid-19, o simple y sencillamente porque la vida siguió, llevándose a los que tocaba.

La situación es inédita.

Son tantos meses que he perdido la cuenta de cuántas veces hemos resistido y cuántas más hemos empujado. Yo, por mi parte, dejé de ver a pacientes en persona e interrumpí todos mis cursos presenciales. Cosa curiosa, cuando pensé que todo se vendría abajo,

---

20. En la introducción, que has leído antes, eran mas de 270…, lo único que ocurre es que este párrafo lo escribí antes, puesto que las introducciones se escriben al final. Cosas de escritores, no hagas caso.

resultó que todos aquellos que me dijeron hace más de veinte años que me moriría de hambre, se equivocaron, y la psicología, durante este trance, es más requerida que nunca antes, así que yo no he dejado de moverme. Cambié la manera de trabajar: ahora atiendo estrictamente de manera virtual, y sigo enseñando, a través de *webinars* (justo la semana que viene tengo un curso de introducción a la meditación; el primero que hago en este formato).

Ciertos días me quedo quieto. Otros, trabajo quince horas seguidas, ya sea en psicoterapia o en una mezcla extraña entre limpiar la casa, atender a los míos y sentarme frente al ordenador a prestar mi servicio. En todos, en realidad, es que todavía sigo esperando y, francamente, no se ve para cuándo. Algunas voces dicen que para finales de 2021 podremos sentirnos seguros de nuevo, otros van más lejos, 2022. Yo, por mi parte, creo que nada será exactamente igual después de esto. Supongo que eso es bueno...

Esta situación, más que ninguna otra, me ha enseñado el valor de resistir. Cuando me pida empujar, en la dirección adecuada y en el momento propicio, lo haré sin dudar. Ese es mi compromiso. Elijo persistir.

¿Ustedes?

¿Qué están haciendo? ¿Qué van a hacer?

¿Saben qué es lo más curioso? Que nadie lo sabe. La incógnita, por ahora, es total.

Lo que sea que venga, lo descubriremos, y lo haremos juntos —como lo hemos estado haciendo desde que empezaste a leer este libro—,ustedes y yo.

13

Sincronía, sintonía, cooperación

> El agua encuentra siempre su camino. Ahora, si construyes
> diques, si construyes represas, estás impidiendo que el agua
> fluya naturalmente hacia el océano que la guarda.
>
> Dokushô Villalba

Son muchas las razones por las que medito. Una de las principales es que me gusta más escuchar que hablar, o para el caso, que pedir.

Escuchar, ¿sabes? Eso que hacemos cuando guardamos silencio, nos quedamos quietos en la postura de flor de loto, o sobre una silla, con la espalda recta, la mirada abierta, la respiración acompasada, y simplemente-estamos-ahí, presentes, permitiéndonos ser uno y todo al mismo tiempo. Poner atención en el entorno y en el propio lugar dentro de ese espacio; estar, aunque solo sea durante quince o veinte minutos, sin mover un músculo pase lo que pase —de no ser la mente, que nunca deja de pensar, digan lo que digan—, mientras únicamente contemplamos, relajados. Eso es el verdadero silencio: permitir que la vida hable, que te diga lo que tiene que decir. ¿Para qué pedirle? Al final nos va a llevar por el camino más conveniente para todos, te guste o no, así que conviene dejarse llevar. Cuando lo haces, resistir y empujar resulta un poco más sencillo.

Carl Sagan dijo alguna vez que «el universo no está obligado a estar en perfecta armonía con la ambición humana», y en mi opinión tenía razón. ¿Por qué tendría que estar? ¿Cuál es exactamente la obligación que el universo, el mundo, la vida y las personas que lo habitan, tienen con nosotros? Ninguna, esa es exactamente la que tienen. Claro, si las cosas se movieran siempre de la forma en la que se nos ocurre todo sería muy, muy cómodo, muy fácil... increíblemente aburrido y extremadamente egoísta, pero cómodo y fácil. Tal vez crees que eso te gustaría, pero años de dar psicoterapia me aseguran que no.

En el capítulo anterior les pedí que resistieran o empujaran, según fuera necesario. Que aprendieran a usar algo que he llamado *valentía en reposo*, cuando las condiciones necesitan de nosotros paciencia, tolerancia o aguante, o en el caso contrario, *valentía en activo*, cuando lo necesario es accionar, movilizar, detonar. Sea lo que sea, entereza o arresto, sosiego o audacia, determinar la mejor estrategia resulta complicado si siempre estamos imponiendo nuestra voluntad al entorno, demandando que se adapte a nuestras necesidades, sin realmente observar las condiciones que nos rodean. Es cierto, todos tenemos un plan, así como objetivos y procesos —es fundamental tenerlos—, y es increíblemente frustrante no poderlos llevar a efecto después de haber pasado tanto tiempo construyéndolos, y más aún, depositando un sinnúmero de expectativas sobre ellos, incluso nuestro valor como personas, pero el hecho de tener un plan no significa que el entorno va a acomodarse de manera instantánea al curso que nos es más propicio.

Piénsalo así: cuando hace mucho frío, ¿qué haces? ¿Salir a la calle en bermudas y las chanclas más fresca que tienes en el armario? Supongo que no, aunque el calor sea tu clima favorito. Sería contraproducente, antiintuitivo y, en última instancia, autoderrotador. Las temperaturas bajas te producirán malestar, estarás temblando todo el tiempo, y realizar tus actividades será mucho más complicado. Tal vez odies los suéteres, tal vez te parezcan pesados o te estorben las mangas. O incluso puede ser que ni siquiera tengas una gran variedad, pero para el caso da lo mismo: lo que el entorno pide de ti, en este momento, es que te abrigues bien y hagas lo necesario para no padecer frío. Si lo haces, si cooperas, no solo lo pasarás mejor, sino que te será más fácil llevar a cabo lo que quieres hacer.

Por eso es tan importante de vez en cuando quedarse quieto y realmente aprender a escuchar. Estoy convencido de que la naturaleza, el entorno, el mundo, o como quieras llamarlo, «hablan», y en todo momento manifiestan con total claridad sus condiciones.

Se darán cuenta de que estoy usando la metáfora escuchar-hablar para explicar mi punto de vista. Probablemente se debe a que soy auditivo por naturaleza. Tal vez una persona visual debería intentar contemplar el entorno, ver a su alrededor, reconocer las condiciones, y una persona inclinada hacia lo emocional podría sentir el ambiente, palpar el entorno, examinar el fondo. Sea cual sea la metáfora en la que se sientan mejor, la cuestión es que, para realmente captar y deducir cuál es la estrategia correcta a seguir, hace falta algo que vaya más allá de la planificación, la prospección y del razonamiento complejo. Hace falta conexión, hace falta articulación.

Hace falta intuición.

Y no, no estoy hablando aquí de magia. No por favor, de ningún modo. Tanto si me has leído antes, como si solo has leído este libro y has llegado hasta aquí, sabes perfectamente que la ciencia es mi religión, así que no creo en el poder de los decretos, la manipulación energética ni la alineación del espíritu. No señor. Creo, en cambio, en los hechos, en la experiencia y en la sabiduría de la experimentación. Y creo en una frase zen que me enseñaron hace bastantes años:

El ignorante duda de lo que ve. El sabio duda de lo que piensa.

Pero ¿cómo? ¿Que acaso no llevo todo el libro pidiéndoles que piensen? ¿Que piensen de verdad?

Sí, así es. Y planeo seguir haciéndolo. Es solo que a veces la mente nos engaña, que el cerebro nos confunde; que nuestras expectativas nublan nuestro juicio, y que en lugar de verdaderamente razonar, *racionalizamos,* es decir, evadimos confrontar la realidad utilizando nuestros mecanismos cognitivos en servicio de la falsedad, y eso ni es pensar ni es ser racionales.

Voy a tratar de explicarte algo complejo de la forma más sencilla que me sea posible.

El ser humano paga un coste muy alto por el tamaño, la complejidad y la robustez de su cerebro. No solo nacemos demasiado pronto, mucho antes de ser verdaderamente funcionales e independientes, obligados a pasar más de quince años al cuidado de nuestros padres, so pena de perecer, sino que resignamos buena parte de nuestra maquinaria instintiva en favor de la capacidad de pensar, elegir, y de ser conscientes de nosotros mismos. Ningún otro animal, que sepamos, es capaz de realizar esta operación que, justo ahora, conjugamos entre nosotros, escritor y lector, alejados por el espacio y el tiempo: yo, escribir para ti, tú, leer mis palabras. Solo nosotros tenemos un lenguaje verbal que nos permite entendernos, y solo nosotros, como consecuencia, podemos imaginarnos en nuestros respectivos espacios, tu allí en tu sillón, con el libro en las manos, y yo aquí, en la mesa de la cocina, al lado de uno de mis perros, con los dedos en el teclado. Solo nosotros podemos construir un mundo interno, abstracto, subjetivo, simbólico, en el que diseñamos y soñamos, para luego modificar el externo, la Tierra, hasta tal punto que alguien que vivió hace unos cuantos siglos tal vez no podría reconocerlo. Solo nosotros, sin lugar a dudas, podemos responder *quién soy* y *cómo se siente ser yo*. No es poca cosa.

¿Te has preguntado alguna vez de dónde sale eso que llamas *yo*? Esa idea, permanente, constantemente activa, que te dice a cada momento quién eres, en qué crees, cómo crees que te ves (y te ven); ese marco de referencia, que usas desde que abres los ojos por la mañana hasta que los cierras por la noche, que te sirve para operaciones sencillas como elegir tu desayuno, hasta complejas, como relacionarte con los demás.

Probablemente no. Es tan eficiente, tan natural, que lo vives como si fuera real. Como si fuera tan sólido, tan verdadero, como cualquier cosa que puedes tocar y acreditar su existencia. Pero no lo es. De verdad que no. Lo que llamas yo, querido lector, no existe más allá de los confines de tu mente —que por cierto, tampoco estoy seguro de que exista—, pues no se trata de otra cosa sino de una representación simbólica de ti mismo. Una creencia, una imagen. Un nombre. Tu cuerpo existe, eso es un hecho, y se mueve en el mundo, que también existe, pero para el ser humano las cosas nunca son exactamente como verdaderamente son... Para el ser humano todo, absolutamente, tiene un valor abstracto, subjetivo, y de manera constante cometemos el error de relacionarnos no con las cosas como son, sino como creemos que son... con sus representaciones simbólicas dentro de nuestra mente.

Con lo que ese *yo*, ese pequeño tú que vive en tu mente, quiere de la vida y con sus múltiples, a veces interminables, muchas veces caprichosas, ideas de la realidad.

Hace poco uno de nuestros perros, *Nico*, cumplió catorce años. Por supuesto, no es ningún jovencito y hace un par de meses empezó a tener problemas serios de artritis y espondilosis en la columna. Después de la revisión médica, tras un episodio de cojera severo, su veterinario nos dijo que debíamos confrontar la posibilidad de que, en menos de 24 horas, pudiera quedarse paralizado. «Tiene las rodillas hechas pedazos», nos dijo. Más allá del *shock* y pesar que nos envolvió a mi esposa y a mí, temíamos por el bienestar de nuestro pequeño, el padre de todos nuestros chihuahuas, y no sabíamos muy bien qué hacer.

Así que pasaron algunas horas, mientras nosotros, humanos al fin y al cabo, pasábamos por toda una serie de elucubraciones, suposiciones y prospecciones. ¿Debíamos dejarlo ir? ¿Debíamos esperar? ¿Qué debíamos hacer? ¿Qué era lo correcto, lo digno, lo ideal?

De pronto, casi a punto de cenar, Nico abrió los ojos, nos miró, desde la distancia y, sin avisar, se incorporó de la cama. Puso sus dos patas delanteras en el suelo y, como las traseras no le respondían, empezó a arrastrarse por la cocina, a una velocidad pasmosa, sin renuncia, malestar o queja de por medio. «El no está preocupado, ¿te das cuenta? —me dijo de pronto mi esposa—. No piensa cosas como "se acabó mi vida, voy a ser un inválido, debo verme ridículo, no es justo, no puedo con esto". Simplemente hace lo que tiene que hacer. El quiere llegar hasta aquí, y lo hace… no tiene un *yo* que sufre, que se hace preguntas que no puede resolver. Toma lo que tiene y lo usa para relacionarse con su entorno.»

Nico, en realidad, es poderoso.

Aunque claro, para él es sencillo, porque ni siquiera lo sabe. Como cualquier otro perro, para él no hay una mejor versión de sí mismo o del mundo en la que prefiere pensar, o creer. No hay una realidad en la que él podría no tener las rodillas deshechas o una versión diferente de sí mismo en la que puede correr como cuando tenía dos años. No señor. Para él es lo que es, porque en su cabeza no hay símbolos, no hay referentes, no hay expectativas; no hay autoengaño. Lo suyo es el eterno presente, y la constante sincronía y sintonización con la realidad. *Nico* no puede sentir lástima por sí mismo, como lo hacemos nosotros. Él no puede exigirle al mundo que sea justo, o que se acomode a sus necesidades. No puede decretar, rezar o desear. Solo puede ser, y lo hace muy bien.

Ignoro si el hecho de no sentir angustia existencial o enojo contra sus circunstancias hizo que su recuperación fuera más eficiente, pero un mes después el veterinario está asombrado y nos dice que quiere usar a *Nico* como ejemplo en la academia. Con el pasar de los días, nuestro perro no solo no se quedó paralizado, sino que dejó de arrastrarse por el suelo, después empezó a pasar más tiempo de pie sin irse de boca, y por último ha empezado a caminar casi como si nada, ágil y veloz. Sigue siendo viejo, sigue costándole trabajo, y probablemente siente algo de dolor, pero a él no parece importarle y, por ende, a nosotros tampoco.

¿Cómo habrías actuado tú, en su situación? ¿O yo?

Yo me habría enfadado. Créeme. Yo habría tenido que usar todo el zen que sé para no gritar de frustración. Yo sí me habría hecho preguntas sin respuesta. Yo sí me habría quejado...

Y al final, habría tenido que cerrar la boca, callar la mente, y escuchar a mi entorno y a mis circunstancias, para poderme adaptar mejor a ellas. Para dejar de exigir preferencias y, en cambio, para acrecentar humildad; para preguntarme «¿qué tengo que hacer ahora», en lugar de preguntarle al mundo «¿por qué me hiciste esto?».

El mundo, querido lector, no *te* hace nada.

El mundo no opera a en tu contra. No tiene una agenda contra ti.

Tampoco tiene una a tu favor...

Citando de nuevo al ilustre Carl Sagan:

> El universo no fue hecho a medida del ser humano;
> tampoco le es hostil: es indiferente.

Si eso te parece cruel, si eso te parece triste, entonces necesitas revisar tu mundo de significados y representaciones, porque en realidad es maravilloso. Si lo piensas bien quiere decir que el universo es neutral, gigantesco, y que en él puedes prosperar, si estás dispuesto a adaptarte a sus constantes cambios. Si estás dispuesto a no subordinarte, porque no es un súbdito lo que busca, ni en imponerte, porque es mucho, muchísimo más fuerte que tú, sino a *cooperar*.

A sincronizar.

A sintonizar.

La intuición, esa especie de brújula que te permite sentir tu entorno y deducir, aunque realmente no hayan palabras de por medio, lo que es mejor para ti, para el mundo, para los demás, y ajustarte a ello, implica que seas capaz de hacer algunas cosas nada sencillas: incrementar tu humildad, contactar con tu absoluta vulnerabilidad, dejar ir tus juicios, prejuicios, pretensiones, demandas, y realmente estar en el presente, en cuerpo y mente, sin exigir a nadie ni a nada que se adapte a tus planes o representaciones internas. Implica que, cuando tu mundo interno y tu representación de ti mismo entren en conflicto con la realidad que te rodea, en lugar de frustrarte y arder en cólera, ensombrecerse y ahogarte en desánimo, o peor todavía, retirarte del camino, rendirte, sentarte en un banco, lo que debes hacer es el viaje hacia dentro, hacia ti mismo, en calma, y ajustar tu interior.

No tienes forma de ganar, entiéndelo. Jamás vas a lograr que el mundo se acomode a ti porque tú lo deseas.

Pero si estás dispuesto a cambiar, a crecer, a aprender, y a modificar tus esfuerzos en favor de nuevas estrategias, diferentes abordajes, entonces sí, puede ser, que el mundo empiece a moverse contigo. Que el mundo y lo que contiene, por fin, se calibre también contigo.

Lo que te estoy pidiendo no es que abandones tu *yo*, o que renuncies a él (es imposible además). Lo que te estoy pidiendo es que trabajes en que no se convierta en un estorbo para relacionarte con la realidad, con las condiciones, que siempre van a tener más poder que tú, y que más bien atiendas sus deseos, sus necesidades y ambiciones, que ajustes sus planes y expectativas, a lo que es verdaderamente mejor para ti y posible según las circunstancias que te rodean. Te estoy pidiendo que planees, por supuesto, que hagas estrategias; que desees, que ambiciones, que busques con todas tus fuerzas, pero que lo hagas con inteligencia y razón genuina. Que lo hagas de una pieza, íntegro, congruente, y en alineación interna y externa.

Vuelve a ti, y suspira. Hay algo, allá afuera, que te está diciendo «escucha».

Si lo haces, si permites que tus pensamientos y acciones se ajusten a lo que es necesario, a lo que se requiere de ti, a lo que se te está pidiendo que hagas, sentirás la sincronía, y verás que tu entorno, en realidad, no es un villano empeñado en destruirte… solo es un conjunto de fenómenos, de sucesos, de reglas, que también pueden sintonizarse contigo, generando posibilidades. Toma tiempo, pero funciona.

¿Quieres que las cosas cambien? Cambia tú primero.

Ya sé que no tienes ganas.

Pero no es control o certidumbre lo que te hace falta. Créeme, incluso cuando crees que posees ambos, nuevamente no es más que un engaño de tu mente. El control y la certidumbre no existen, solo hay flujo, entre tú y el entorno, que cuando ocurre te sentirás fantástico, como si nada pudiera detenerte; como si todo marchara según el plan. Piénsalo: si todo está constantemente cambiando, y la ley fundamental del universo es que nada es para siempre, entonces no hay razón por la que tú mismo tendrías que comportarte siempre del mismo modo, esperando exactamente los mismos resultados.

Habitúate a preguntar a tu entorno «¿qué se necesita de mí hoy?».
Qué se necesita de mí.

Cuando tengas la respuesta, regula tus emociones, tus creencias y tus exigencias. Adáptate. Encuentra ese lugar en que afuera y adentro se ponen de acuerdo, usa tu intuición... ¡y entonces muévete!, con todo tu poder y en congruencia extrema. Paso a paso, hazte amigo de las circunstancias, por adversas que sean, y aunque no te pido que las ames —a veces eso es simplemente imposible y absurdo— al menos sí que las aceptes, y que aceptes también en quién te transformas tú para poder coexistir y cooperar con ellas.

Que la voz en tu cabeza no te estorbe, no te mienta. Y si lo hace, pídele, exígele, que guarde silencio. Que se calle. Porque está equivocada.

No. No hay un estándar de belleza, ni de funcionalidad.

No hay un prototipo de éxito al que debes ajustarte.

No existe el fracaso eterno, la derrota completa, ni eres estúpido, limitado, cretino, por no haber conseguido lo que deseabas, lo que creías que era indispensable, o por haberte equivocado una y mil veces.

No es necesaria la culpa que sientes, ni los autorreproches que usas para motivarte. Sufrir no es necesario ni te hace mejor persona.

La historia se acaba cuando te mueres. Y te vas a morir, sin duda.

Así que mientras estés vivo, mientras respires, toma lo que hay, úsalo. El final vendrá para ti. Espero que cuando lo haga, sobre todo, puedas estar satisfecho del equilibrio entre ganar y perder que te tocó y al que te ajustaste en la vida.

Mientras tanto, por favor, vive.

14

Aprende a tolerar el dolor (cómodo en la incomodidad)

> La cuestión no es pedir adversidad, sino pedir las virtudes
> que hacen soportable la adversidad.
>
> SÉNECA
>
> El propósito de la vida es encontrar la carga más pesada
> que puedas soportar, y soportarla.
>
> JORDAN PETERSON

Nos quejamos y nos quejamos y nos quejamos. Todos lo hacemos, y algunos, como yo, somos expertos en eso. Lo que es más, algunas personas, por irónico que parezca, se quejan incluso más cuando las cosas van bien o cuando son más afortunados. Para el ser humano, renegar es un hábito. Entiendo, por supuesto, que tiene su utilidad: libera presión, relaja y nos da una ligera sensación de poder; incluso, nos ayuda a experimentar una transitoria impresión de comunidad, sobre todo cuando nos sentimos solos e impotentes. Quejarnos ayuda a expresar lo que juzgamos incorrecto, y nos permite preservar algo de equilibrio emocional. La cuestión es que, si no somos cuidadosos, rápidamente todas estas ganancias quedan superadas por males mucho peores. Las personas, habitualmente, descontentas suelen enfermar más a menudo, se frustran con mayor facilidad, desarrollan problemas del estado de ánimo, como ansiedad e irritabilidad, se vuelven pesimistas, negativas, cínicas, y lo que es peor, terminan envueltas en una red de protesta, detracción e incriminación, que les impide mirar hacia delante, concentrarse en solucionar lo que pueden, mejorar lo que es mejorable, y hacer lo necesario para incrementar resolver sus problemas, aumentando así su calidad de vida y experiencia de bienestar en general.

Nos quejamos porque es horrible la consciencia de falta de poder e incapacidad que a veces nos satura; porque compartir con alguien, aunque sea con un enemigo invisible, atomiza la decepción. Porque parece que cargar la culpa a otros, por su falta de cooperación, su mínima moral, o de total abandono, justifica nuestro dolor.

Hazlo, ¿por qué no? Quéjate, suelta presión.

Pero cuando hayas terminado, date cuenta de que sigues en el mismo lugar, que las quejas no cambiaron tu situación. Todo está igual, y lo que te enfadó o molestó, no te llevó a ningún lado. No aprendiste alguna cosa útil, ni te volviste más fuerte. Solo te diste cuenta de que estás enfadado, desilusionado, y que eso es horrible.

Ahora vuelve a la calma. Intenta relajarte. Prueba algo diferente, algo radical. Algo que tal vez nunca te habían recomendado.

Aprende a tolerar el dolor. A aguantarlo.

Aprende a hacerte su amigo.

Aprende a estar cómodo en la incomodidad.

Aprende a dejar de tenerle miedo a la tormenta. Aprende a *ser* la tormenta.

Como con todo, también con esto tendrás que someterte a una suerte de entrenamiento. ¿Recuerdas la importancia de las rutinas y la disciplina? Este es un buen momento para ponerlo en práctica.

Mis sobrinos Leonardo y Alejandro han jugado fútbol americano desde que los conozco. Empezaron siendo muy niños, y los he visto crecer y desarrollarse poco a poco, volviéndose cada vez mejores en un deporte que exige estrategia, trabajo en equipo y, especialmente, una fortaleza física incuestionable. Se trata de algo que los he visto vivir, día con día, desde que empezaron su práctica. Al día de hoy, Leo acaba de terminar su carrera en la liga mayor, y Alejandro va a la mitad.

¿Cuántas horas, cuántos días, cuántos años, dedicados a perfeccionar técnica y ejecución? Algo más de veinte. Se dice pronto, pero es mucho, muchísimo tiempo corriendo, empujando, golpeando, recibiendo, esquivando, sosteniendo. Toda una vida de aguantar diferentes dimensiones de incomodidad. Claro, pero es que ellos tienen *pasión*, ¿verdad? Es que ellos tienen un propósito. Es que a ellos les encanta.

Sí... y no. Querido lector, dolor es dolor, y no hay forma, sin importar que miles de gurús del pensamiento positivo insistan en lo contrario, de tratar de convertirlo en algo agradable. Aquí no hemos venido a autoengañarnos, sino a confrontar las cosas como son. Da igual cuán fuerte sea tu cuerpo, cuán saludable y preparado, o lo consciente y madura que sea tu mente, someterte voluntariamente a una rutina diaria que implica ejercicio, alimentación, práctica y estudio académico, a menudo es desagradable y estresante (imagínate cuánto más si no estás en ese estado óptimo de salud física y mental).

—Nunca —me respondió Leo hace unos días, cuando le preguntaba acerca de su entrenamiento—. Nunca lo disfrutas. Disfrutas otras cosas, como las victorias, o ver los resultados, pero el dolor como tal nunca se disfruta, y supongo que ese es el caso de todo. No veo por qué deberías disfrutarlo. Cuando entrenas estás llevando a cabo una serie de actividades que someten tu cuerpo a tensión y presión, y eso es algo que no siempre quieres hacer. La gente cree que los deportistas o quien sea que sigue una disciplina siempre tiene ganas o está motivado, y es todo lo contrario. Todo el tiempo existe esa voz que te dice «Ojalá no haya entrenamiento», «Ojalá esté leve», «Ya quiero descansar».

—Cómo silencias esa voz? —quise saber.

—No la silencias. Entrenas a pesar de ella. Te hace compañía. La escuchas y aun así haces una repetición extra. Más que fuerza de voluntad es como «fuerza de hacerlo contra tu propia voluntad». ¿Sabes?, creo que la clave es encontrar un motivo más allá, más grande que los obstáculos del día a día. En nuestro caso era un campeonato nacional o ser el mejor del país en tu posición, pero tu meta puede ser crecer, ser la mejor versión de ti, sentirte bien, estar saludable, ser mentalmente fuerte, etc. Cuando tienes un motivo así los obstáculos cotidianos se vuelven el vehículo para alcanzarlo, no una inconveniencia en tu día.

El vehículo para alcanzarlo.

Los obstáculos se convierten en aquello que te propulsa. En la excusa que usas para aguantar un poco más. Suena extraño, pero es verdad, y funciona. Dejar de relacionarte con el dolor y la incomodidad como si fueran algo que quieres extirpar de tu vida y, en cambio, asumirlos como la forma en la que llegas a tu objetivo. No disfrutándolos, no… soportándolos conscientemente, sin que te rompan.

El impedimento a la acción avanza la acción.
Lo que se interpone en el camino se convierte en el camino.
Marco Aurelio

Inspirado por mis sobrinos, en mayo de 2019 empecé a hacer ejercicio activamente, a diario. Cuatro o cinco días de pesas, uno o dos de cardio. Así, sin fallar uno. ¿Quieres que te diga la verdad? Lo detesto. De acuerdo, «detestar» es un verbo severo y exagerado, sin embargo, así es como me siento la mayoría de las veces, cuando casi, casi en piloto automático, sin pensármelo demasiado, aprovecho horas libres entre pacientes (desgraciadamente no he logrado asegurar un horario fijo para la práctica), me pongo los guantes, arranco mi *playlist* (puro *rock* metalero de la década de los ochenta), y ejecuto la rutina de al menos una hora de duración; a veces más.

Ser constante era tan difícil para mí, que al final tras una observación de Alex («Recuerda que cada día que entrenas es un día menos para llegar a tus objetivos»), decidí hacer un calendario, de mayo a diciembre e iba tachando cada día que pasaba. El reto era no romper la secuencia, no romper el proceso… insistir, persistir. Una x cada día, hasta que todos los cuadros estuvieran marcados.

Funcionó:

«¿Por qué —me preguntan algunos pacientes— si lo odias tanto, lo haces?

Por dos razones: porque quiero un cuerpo fuerte y resistente (con los beneficios cerebrales que se suman), y, justamente, porque lo odio. Porque creo fielmente, y eso es exactamente lo que estoy tratando de explicarte, que para reconciliarnos con el dolor y aprender a tolerarlo, necesitamos exponernos a menudo a pequeñas o medianas dosis de incomodidad, para así ir incrementando nuestra tolerancia a la frustración, a la ansiedad, a las dudas, al deseo de huir, de parar, y a la voz que nos dice: «No puedo, no quiero, no lo haré».

Generamos comodidad en la incomodidad realizando una actividad desagradable al mismo tiempo.

Pero he aquí el truco: no puedes ni debes hacerlo quejándote a cada segundo; protestando o rumiando maldiciones en tu mente, porque entonces no aprendes nada, ni permites a tu voluntad crecer. Si te pasas lo que dure tu práctica, sea la que sea, en tensión, resistencia, negación o rechazo, no solo estás enfrentando al dolor en sí mismo, sino también a tus posibilidades de cambio, torpedeándolas. El asunto aquí es actuar como si esa incomodidad y ese obstáculo fuese algo que deseas activamente confrontar, con toda la intención y consciencia que corresponde.

Recuerda que tienes un enorme poder a tu disposición, el de simbolizar y representar dentro de tu mente todo lo que te rodea, sientes, haces y eres. Puedes seguir haciéndolo de manera inconsciente, sin poner atención, o mejor aún, puedes empezar a dominar el asunto y hacerte cargo de la forma en que encuadras las cosas; el carácter que le asignas a lo que percibes y qué significa para ti. No, no es infalible, ni es un bálsamo de paz, pero es un buen lugar desde donde empezar y, sin duda, es mucho mejor que seguir en ese ejercicio estéril de pensar, siempre con culpa, «bueno, podría ser peor». Sí, de acuerdo, igual podría ser mejor, así que déjalo estar: es lo que es. Mejor o peor, da igual, porque no hay una versión alternativa de lo que está ocurriéndote, así que de todas maneras no será agradable para ti. Mejor usa esa capacidad de encuadre y percepción que tienes y elige cómo quieres abordar el obstáculo que está frente a ti.

La tarea no es mantenerte tranquilo mientras padeces la incomodidad, sino abordar la incomodidad *sin* padecer.[21]

Es posible, mientras te comprometas con cuatro instrucciones fundamentales:

1. Respira, respira y vuelve a respirar. El poder de la respiración rítmica es un hecho probado. Cuenta tres o cuatro segundos para inspirar, y otros tres o cuatro para expirar. Hazlo, sobre todo, antes de exponerte a la incomodidad, pero si puedes también hacerlo durante esta, sería mejor. La respiración es tu primer ancla en el presente, te hace consciente de lo que ocurre y te aleja de las ideas irracionales que se te pudieran ocurrir.

2. Regula conscientemente tus emociones. No se trata de eliminar las negativas, se trata de encuadrar la experiencia en un marco racional en el que pones más atención en el valor de la práctica, el amor que sientes por tu voluntad, así como la aspiración de lograr un mayor autocontrol. Fluye natural-

---

21. La frase no es mía, es de William B. Irvine, y aparece en su libro *The Stoic Challenge*. En el párrafo, se da la tarea de describir a las personas que practican dicha filosofía: «Es tentador, en este momento, describir a los estoicos como personas pacientes, y de hecho lo fueron, pero una advertencia está en orden. En cierto sentido, una persona paciente es aquella que puede sufrir un revés sin quejarse. Sin embargo, esto no es lo que estaban haciendo los estoicos. **Su objetivo no era mantener la calma mientras sufrían un revés, sino más bien experimentar un revés sin sufrir.** Es una diferencia importante». Irvine, W. B., *Stoic Challenge: A philosophers guide to becoming tougher, calmer, and more resilient*, W. W. Norton, Nueva York, 2020.

mente, ayudado por la respiración, navegando por las diferentes emociones que experimentas. Tarde o temprano aparecerán emociones positivas también: úsalas como segunda ancla.

3. Pon atención en tu cuerpo, *todo* tu cuerpo, y relájalo. Suéltalo, ábrelo, desátalo, desapriétalo, aflójalo. Hay una cierta tensión que necesitas para hacer lo que sea que estés haciendo; un cierto número de músculos en acción, un conjunto específico de esfuerzos, un compás particular de movimientos. Con eso basta. Saca el mayor provecho de ellos. Economiza. Date cuenta de cualquier tensión adicional que estés sumando al proceso y déjalo ir. La relajación es tu tercer ancla.

4. No te tomes a ti mismo tan en serio. No te pasa todo a ti. Tampoco es el fin del mundo. Este dolor no es destructivo, no es mortal, solo es desagradable. En realidad no representa una amenaza a tu integridad; no atenta contra tu vida, solo contra tu comodidad. Regresa a tu centro: humilde en la victoria y fuerte en el combate.

Así que busca algo incómodo para ti, algo que no te guste nada hacer, y hazlo. Puede ser comer lo que te desagrada, escuchar música que no te gusta, conversar con alguien que no te cae tan bien, ponerte en la cola más lenta y larga que encuentres, o dejar de intentar cambiar de carril cuando los coches que van delante de ti simplemente no se mueven. Elige un lapso de tiempo, primero corto, luego más largo, y comprométete con la tarea, involúcrate, concéntrate. Localiza tus quejas, tus reclamos, y siléncialos con cuidado, como quien le pide a un pequeño que tenga calma porque el malestar no durará para siempre y a veces así tiene que ser; porque así es crecer y volverse adulto. Pon la mente en la tarea, sin cuestionamientos ni condiciones, de modo que puedas sentir lo que haces, movimiento a movimiento, sensación a sensación, sin el afán de incrementar la molestia, sino de hacer a un lado las objeciones. Cuando por fin domines esta misión, busca otra, un poco más incómoda, para ejecutar nuevamente la rutina. Date cuenta de qué tan fuerte, resistente y dedicado puedes ser, y alégrate, porque con cada pequeña resistencia te vas acercando a los objetivos que buscas en la vida. Cada vez que te niegas a renunciar porque no puedes, porque no sabes cómo, porque cansa, porque pesa, ganas terreno frente a la desesperación.

Cada vez que empujas, cada vez que resistes, cada vez que te niegas a renunciar, vences a la desesperanza.

Pero este es el truco, y necesito que lo tengas claro porque de lo contrario todo esto no va a servir, se trata de que lo hagas a diario, o al menos durante todo el tiempo que puedas, tanto si estás atravesando una crisis como si no. Da igual si ya has solucionado tus problemas o aún estás en ellos; si estás atravesando un momento de paz y relajación o estás en medio de la lucha. Incluso es todavía más importante que lo hagas en las temporadas en que estás tranquilo, sin preocupaciones en el horizonte. ¿Sabes por qué? Porque se trata de un entrenamiento, y como tal no es algo que hagamos solamente cuando tenemos ganas o cuando nos lo imponen.

Entrenar es una necesidad. Si logras asumirlo de esta forma, habrás dado el primer paso a un mundo en el que eres mucho, muchísimo más fuerte de lo que crees.

Permítanme, de nuevo, contarles una historia.

Vamos a viajar en el tiempo. Retrocedamos algunos años, e imaginemos que es el 25 de noviembre de 2017. Vamos a apoderarnos, por un momento, de la mente de Leonardo y Alejandro, vamos a tratar de sentir como ellos. Vamos a intentar imaginar que, después de toda una vida en el fútbol americano, sin entender por qué, cierran inesperadamente el equipo en el que juegas, así que con desesperación y urgencia —no solo tu beca, sino tu estilo de vida, están en juego— tienes que buscar otro sitio, otro hogar, para seguir. Vamos a imaginar que ese hogar es el Tec Toluca, un campus pequeño, sede de un equipo poco reconocido, poco exitoso, cuyas temporadas han sido cortas y nada prometedoras, y además, seamos realistas, casi nadie le tiene fe. Y además, vamos a imaginar que a pesar de tus mejores intenciones, tu nivel de juego es bajo, tus compañeros son más fuertes y hábiles que tú, así que tienes que entrenar más que los demás, solo para ponerte a la par y ganarte un lugar en el equipo. 2016 fue complicado, así que no hay razón para creer que lo que sigue será peor…

Ahora vamos a imaginar, por un momento, que este año, 2017, a pesar de las previsiones, las cosas han sido diferentes: que el entrenamiento funcionó, que las horas de cargar cientos de kilos en el gimnasio, de correr, sudar, golpear, empujar, por fin dieron resultado, y que has tenido la mejor temporada de tu vida: tu equipo, y tú, han ganado todos los partidos… excepto contra un equipo: los Aztecas de la UDLAP. Los campeones, el número uno indiscutible del país. Un equipo fuerte, sólido, aparentemente más imponente que tú. Nadie les ha ganado, durante años.

Sin embargo ahora estás en Cholula, en su casa. Sin importar lo que se haya dicho o creído, Toluca va a jugar la final contra ellos.

Tu equipo se ha convertido en una familia. Esa mañana están de buenas… relajados, contentos, en un ambiente de confianza. ¿Qué puede pasar?

—Éramos unos «muchachos locos» —me dijo Leonardo—. Ellos eran el mejor equipo de México, y nosotros teníamos una actitud loca de ir a ganarles, a vencerlos, a romperlos, y quedar por encima.

Empieza el juego: apenas pasados unos minutos Toluca mete un *touchdown*.

¿Casualidad?

Claro que no.

Ofensiva pega duro. Defensa para. La cosa se pone reñida: ambos equipos anotan, se miden, se prueban... Pese a todo, en el último cuarto vas abajo 15 puntos. La balanza parecería inclinarse hacia perder. Falta tan poco tiempo además... Pero tu equipo no lo compra, no se lo cree; tú tampoco, así que la mentalidad nunca cambia a «vamos a perder».

Tu equipo especial detiene una patada, anotas otro *touchdown*, luego otro, y con 2 minutos en el reloj te vas arriba por solo tres puntos. Tres. Eso significa que tus oponentes, con solo una anotación, podrían ganarte. ¿Te imaginas la *tensión*? ¿Te imaginas el *ambiente*?

Última serie ofensiva. Tu equipo los detiene. No anotan. Ahora te toca a ti... Nunca habías hecho tanto esfuerzo en tu vida, nunca habías empujado tanto. ¿Dolor? Claro. ¿Incomodidad? Irrelevante.

Al final, reconciliarte con la incomodidad rinde frutos. Tres puntos de ventaja no bastan, hace falta más, así que anotas... vuelves a anotar...

Cuando el tiempo acaba, y la tribuna explota, la cosa está clara: tu equipo es campeón.

Campeón.

¿Te imaginas? ¿Te imaginas ser Leonardo y Alejandro en ese momento?

¿Te imaginas la satisfacción, el orgullo y el poder? ¿Te imaginas la confianza? ¿Te imaginas la reivindicación de todo tu entrenamiento?

¿Te imaginas?

Ahora te toca a ti. A partir de hoy, tienes que empezar a contar tu propia versión de esta historia.

Ojalá, al cerrar estas páginas, puedas hacer como dice Charles Bukowski:

> Encuentra algo que ames, y deja que te mate.

La brecha entre tú y tu objetivo está en medio de un campo de obstáculos.

Tal vez te desagrade el proceso, tal vez te moleste la ruta. Pero por favor ama el juego.

15

Selecciona la información que atiendes (en la que te enfocas o distraes)

> Minimalismo digital: una filosofía de uso de la tecnología en la que tú centras su tiempo online en un pequeño número de actividades cuidadosamente seleccionadas y optimizadas que apoyan fuertemente las cosas que valoras, y luego felizmente se pierde de todo lo demás.
>
> CAL NEWPORT

> La distracción es morfina para la mente.
>
> DEREK DOEPKER

Es demasiada información. *Todo-el-tiempo*. Tantos detalles, estímulos, destellos, palabras, noticias, novedades, eventos, chismes, que la mente simplemente no puede procesarlo. Se satura y desborda, así que para cuando nos damos cuenta, después de haber pasado un par de horas frente al teléfono o el ordenador, en el mejor de los casos, simplemente estamos distraídos, dejando pasar el tiempo sin hacer algo de provecho. O puede que terminemos aturdidos, sintiéndonos pasmados, sin palabras. En el peor de los casos, habremos incrementado exponencialmente nuestro estado de malestar, ansiedad o estrés. El bombardeo es constante, y nuestro cuerpo, nuestro cerebro, no está hecho para soportarlo.

Hoy en día tenemos acceso a mucha más información que antes; al menos más de la que tenemos necesidad u oportunidad de usar. Lo primero que un ser humano moderno hace, al abrir los ojos, es buscar el teléfono móvil y revisar sus notificaciones. Mensajes, correos, tuits, actualizaciones de Facebook, de Instagram, y un sinfín de alertas de noticias o de anuncios. No han pasado cinco minutos desde que te has despertado y ya tienes más datos de los que te hacen falta para empezar la mañana. Lo curioso, lo verdaderamente perverso, es que es muy probable que quieras más, así que te llevarás el teléfono al baño, y mientras te sientas, empezarás a pasar el dedo por la pantalla, de arriba a abajo, actualizando una y otra vez el *feed*. ¿Estás buscando algo específico? Claro que no. Solo estás mirando… «poniéndote al día». Ya has actualizado tres o cuatro veces y sigue apareciendo lo mismo. Cambiamos de plataforma…

Cuando vas a desayunar, saludas a los tuyos, con el teléfono al lado, sobre la mesa (¿lo has desinfectado?) de modo que puedes verlo de reojo. «¿Es eso una alerta?» Ah no. «Pero ¿y si sí?» Lo desbloqueas, lo observas, vuelves a actualizar. Muertos, asesinados, atentados, descubrimientos, vacunas, corrupciones, revoluciones, descalificaciones, politiquerías, discursos, amenazas, *fake news*… ese amigo que no has visto desde hace años va a casarse, ¡tu vecina encontró casa al perrito perdido de la semana pasada! Qué buen aspecto tiene ese pastel…

Y aún no son las 8 de la mañana. Ni siquiera has empezado a trabajar.

Tanto si estás teletrabajando, como si has llegado a tu oficina real, seguro que habrás encendido el ordenador. Un mensaje de WhatsApp, luego otro. ¿Son urgentes? Qué más da. «Mira este vídeo», te dicen. «Esta noticia.» Haces clic, abre el vínculo en You-Tube. Cinco minutos. Diez. Treinta. «¡Debes ponerte a trabajar!»

Llegado a este punto te has distraído tantas veces que el ejercicio de concentrarte de verdad es cada vez más costoso. Cada vez te requiere más y más esfuerzo; cada vez es más cansado.

¿Ya he contado suficiente? ¿Tienes una vista completa?

¿Te sientes identificado?

Yo sí. He estado ahí. Si las estadísticas oficiales son reales, probablemente tú también. En un estudio reciente,[22] se ha calculado que el norteamericano (¿estadounidense?) promedio pasará aproximadamente una década de su vida consultando su teléfono. ¡Diez años! Si eres *millennial*, es decir, si naciste entre 1981 y 1996 (probablemente lo eres), casi pasas el 25 por ciento de tu día en el móvil, y si eres de la Generación X, es decir, si naciste entre 1965 y 1980 (como yo), casi el 17 por ciento.

Si me preguntas, diez años es demasiado. En ese tiempo he publicado cinco libros, he estudiado varias certificaciones, dos diplomados, he leído al menos 360 libros, me he mudado tres veces de casa, he viajado seis veces a Estados Unidos, he escuchado como 7.000 horas de música. Diablos, ¡son 3.650 días! Conocer a mi esposa, enamorarnos, y transitar el noviazgo solo nos tomó seis. Pasan tantas, tantísimas cosas en diez años… Si lo pones en perspectiva, suponiendo que vivamos un promedio de setenta u ochenta años, es una lástima que pasemos todo ese tiempo distraídos, como poco, y embobados, estresados, desgastados, como mucho.

---

22. Abraham, E., «We'll spend almost a decade on our phones, study finds», 14 de noviembre de 2020, Ver en: <https://metro.co.uk/2020/11/14/well-spend-almost-a-decade-looking-at-our-phones-study-finds-13593612/>.

Querido lector, si lo piensas bien, ni siquiera se trata de cuánto tiempo pasas consultando tus diferentes aparatos electrónicos, no se trata de desmejorar la tecnología, o incluso del ocio, sino más bien de hacerte consciente de la forma en que toda esa información, si no tienes cuidado, puede estarte alejando de tus objetivos y metas, o de diseñar y experimentar una vida con sentido.

Tu cerebro tiene una capacidad limitada para poner atención y para procesar lo que percibes. En su libro *Fluir*,[23] Mihaly Csikszentmihalyi asegura que después de toda una serie de estudios y cálculos «se llega a la conclusión de que es posible procesar 126 bits por segundo, 7.560 por minuto o casi medio millón por hora. A lo largo de una vida de setenta años, y contando 16 horas despiertos al día, esto suma un total cercano a los 185.000 millones de bits de información. Este total es todo lo que puede sucedernos en esta vida; cada pensamiento, recuerdo, sentimiento o acción. Parece una cifra enorme, pero en realidad no lo es tanto.

De hecho no lo es. La cifra es equivalente a 23.125 GB.

Mi iPhone tiene una capacidad de 64 GB. El ordenador promedio de hoy tiene una capacidad de 1 TB.

¿Qué te parece esto para analizar en perspectiva?

Cuando leí la cifra por primera vez, hace algunos años, pensé «¿eso es todo?», pero luego conversando con un amigo, especialista en sistemas, me hizo caer en la cuenta de que, en realidad, es un cálculo relativo.

—Si se tratara de solo texto, sería una enciclopedia —me dijo—. En un formato muy sencillo es muchísima información, así que seguramente depende de cómo almacenes todos esos datos y de cómo ocupas el «espacio» en tu cerebro. Si tienes un sistema sensato para

---

23. Csikszentmihalyi, M., *Flow: The psychology of optimal experience*, Harper Row, Nueva York, 2009.

ordenar todos tus «archivos» probablemente sea más fácil acceder a todo, ¿no? Así que depende de cómo codifiques y ordenes tus ideas y pensamientos.

Aparece nuevamente el orden, como siempre. Y también, como siempre, resulta que no es solo una cuestión de tiempo, de espacio o de oportunidad, sino de uso, cordura, criterio y propósito. No se trata de si te sobran o te faltan recursos, sino de *cómo* y *para qué* los usas. Por eso es tan importante estar concentrado, fijarte en lo que haces, dónde y con quién estás, dejando que tu piloto automático se encargue de las cosas que le tocan, para que tu atención consciente se mantenga en lo importante, en lo que verdaderamente aporta a tus intereses así como a tu bienestar, salud y felicidad.

El problema no es la cantidad de información, o como ya te he dicho, la tecnología en la que la consultamos. Si fuésemos más disciplinados con nuestras acciones y prudentes con el uso de nuestro tiempo, seríamos capaces de regular la entrada y salida de contenido, filtrando voluntariamente lo que pasa la barrera y admitimos para ser usado, justamente porque cumple con una función. ¿Cuál de todas? Bueno, eso depende de ti, realmente. *Telos*, *eudaimonia* y *areté*, ¿los recuerdas? El propósito, la vida bien vivida y las virtudes.

Para cada uno de nosotros alcanzarlos depende del camino y la personalidad de quien los aborde. Sin lugar a dudas mi *telos* no es el mismo que el tuyo, o el de tu pareja, a pesar de cuánto se amen, así como mis virtudes y las tuyas, sin duda, también serán diferentes, por más que se parezcan entre sí. Yo no puedo decirte qué es una vida bien vivida, ni qué es un valor deseable, y si bien sabemos que algunos objetivos bien podrían ser universales, como vivir en salud física y mental, o cultivar buenos vínculos, la forma en que llegas hasta ahí está en tus manos. Lo que sí es un hecho es que para hacerlo tendrás que poner tu vida en ello, trabajando a diario, sobre todo si estás atravesando por los efectos de una terrible crisis, una hecatombe emocional o física. En realidad no se trata de lo corta o larga que sea la vida, o si tu capacidad para procesar información es pequeña o grande, sino de lo inteligente que seas para administrar todos y cada uno de tus recursos.

Así que por favor, selecciona la información que te llega, y considera que distraerte y poner atención, en realidad, son dos caras de la misma moneda.

—Nadie está realmente distraído — me dijo mi suegro, hace mucho tiempo, haciendo alusión a mi tan conocida falta de concentración y constantes olvidos—. Lo que estamos es atentos a diferentes cosas, y tal vez no siempre a las más importantes para ti. Cuando atiendes algo, por lógica desatiendes otra cosa. Es un tema de *límite* y *selección*, ¿te das cuenta?

Límite y selección.

El flujo de información que llega a ti simple y sencillamente no va a detenerse, y eso, si lo piensas bien, es una buena noticia. Es maravilloso tener acceso libre a una biblioteca inacabable de información las 24 horas del día con la sencillez de desbloquear una pantalla. Esos aparatos, esos datos, están ahí para hacer tu vida más fácil, así que de una vez por todas espero que elijas quién controla a quién: si tú al aparato y la información que llega a él, o el aparato a ti, obligándote a ver lo que miles de personas quieren que veas, sin preocuparse por si eso te sirve para algo o no.

Aprende a filtrar lo trivial de lo primordial y, sobre todo, a imponerte límites a ti mismo.

Muchas personas, frente a la aparente imposibilidad de concentrarse y disminuir el flujo del bombardeo informático, utilizan aplicaciones destinadas a bloquear el teléfono o las redes sociales un determinado número de horas, o cajas fuertes, para guardar sus aparatos mientras trabajan. ¿Qué sentido tiene? Como si no tuvieran acceso a la combinación o la posibilidad de anular el bloqueo. ¿No sería mucho más satisfactorio que fueses tú intencionalmente quien destinara un tiempo para cada cosa, y cada cosa para un uso adecuado? Por eso es que insisto en que el límite es para ti, siempre para ti, no para el aparato o el flujo de información que desborda por la pantalla.

Decídete a crear tiempo y oportunidad para ti y tu proyecto. Ordena tus impulsos y, sobre todo, pon atención. Habitúate a salir del comportamiento automático y elige cuánta y qué información es relevante para ti. «Me interesa todo» es una respuesta absurda, porque para empezar no hay manera de que tu cerebro pueda procesarla o entenderla, e incluso si pudieras —regresando a la explicación de mi amigo—, no creo que la función del ser humano sea convertirse en una enciclopedia o en una biblioteca parlante. Tantos datos inútiles, ¿para qué?

Permite que las cosas que tienen que pasar pasen, y como dice Ryan Holiday, que las cosas triviales se resuelvan, por sí mismas. «Tenemos que cultivar una actitud similar: dar un poco de espacio a las cosas, no consumir noticias en tiempo real, permitirnos estar una temporada o dos por detrás de la última tendencia o fenómeno cultural, no dejar que la bandeja de entrada gobierne nuestra vida. Las cosas importantes seguirán siendo importantes cuando sea tu momento de atenderlas. Lo poco importante habrá hecho que su insignificancia sea obvia (o simplemente desaparecida). Entonces, con quietud y no con urgencia o agotamiento innecesarios, podrás sentarte y prestar atención a lo que merece toda tu atención.»[24]

Hay un fenómeno curioso entre la juventud que, para cuando escribo estas líneas y seguro que en el momento que tú las leas, ya se ha vuelto adulto. Le llaman *FOMO* en inglés: *Fear Of Missing Out*, en español: *Miedo de perdérselo*. ¿Te suena familiar? ¿Podrá ser esa la razón por la que al desbloquear el teléfono por la mañana mueves y

24. Holiday, R., *La quietud es la clave*, Océano de México, S.l., 2020.

mueves el dedo buscando más, sin saber por qué, pero movido por una especie de dependencia o necesidad? Puede ser. Tal vez crees que es vital para ti enterarte, conocer, estar al día, pero lo cierto es que eso te esclaviza en una nueva y cruel forma de consumo.

No tengas miedo de perdértelo. Te prometo que si es importante para ti, pronto te darás cuenta, la información te alcanzará, o los filtros que hayas colocado a tu alrededor simplemente permitirán que pase.

Permíteme una analogía.

Piensa en un museo, ¿de acuerdo? De arte moderno, clásico, pintura, escultura, historia, o lo que más te guste. Ahora vamos a suponer que tú eres el comisario de ese museo. Tu trabajo, por definición, es seleccionar qué habrá de llegar a su interior y exponerse en sus paredes, así como de conservar y restaurar a las obras, conforme sea necesario. Tienes la doble obligación de mantener en armonía las exposiciones, cuidando su belleza, y de formar una colección coherente, crucial y admirable para el espectador. Arte hay mucho, y bastante bueno, pero ¿tiene sentido estar ahí? ¿Es coherente con las exposiciones? ¿Se aviene con el mensaje que desea transmitirse? ¿No? Entonces no entra ni se expone, punto. No importa si conoces al autor, si lo quieres, si te cae bien. No importa si un cúmulo de personas alrededor del mundo lo considera relevante, o si es el artista del momento. No importa si parece urgente o promisorio. No-va-con-la-exposición, y eso es todo, así que se queda fuera. Por si faltaba algo, basura hay mucha más que arte, y de esa, también, siempre habrá quien pretenda exponerla en tu museo. ¿Por qué? Pues porque sí: porque existe, porque a alguien le interesa, porque a alguien se le ocurrió, porque siempre hay alguien que cree que cualquier nimiedad es tan importante como todo lo demás. Si eres cuidadoso de dejar fuera el arte que no tiene una relación lógica con tu exposición, ¡cuánto más deberías serlo con la basura que no aporta nada!

Sé cuidadoso con qué admites en tu mundo y en tu consciencia. Como si fueras el comisario de un museo. El museo más relevante del mundo. Es tu espacio mental... debería serlo para ti.

Cuida lo que entra en tu mente, lo que te pide atención. Deja fuera la basura, y si no puedes evitar que entre un poco de vez en cuando, instaura un sistema de limpieza.

Es momento de ordenar tu mundo. Retoma el control. Hazte consciente. Sí, sí te va a requerir esfuerzo, sobre todo al principio.

Dedícale un porcentaje específico a tu teléfono. Si el 20 por ciento del día te parece mucho —a mí sí, y no creas que no lo he hecho— entonces disminúyelo.

Todos esos chats que consultas a cada momento, con sus alertas constantes, ¿cuáles son importantes y cuáles no? ¿A quién atiendes y por qué? Selecciona a los contactos que, por el valor o cercanía en tu vida, vas a atender sí o sí, y colócalos como prioritarios. A los demás, ya los revisarás en su momento. No necesitas revisar cada mensaje que entra al chat, es tan simple como eso. ¿Cuántas aplicaciones usas para conversar? ¿Dos, tres, cuatro? Para qué. Mejor una y ya. ¿Y esos grupos a los que te añadieron sin que te dieras cuenta? Puedes salir de ellos, sin duda. De todas formas alguien siempre va a ofenderse por lo que hagas o no, así que ten presente las palabras de Nayyira Waheed:

«No»
puede hacer que se enojen.
Pero
a ti te hará libre

Por si nadie te lo ha dicho, tu libertad es mucho más importante que su enfado.

Asegúrate de que aquello que estás consultando es relevante. Vamos, no solo relevante para ti, porque tienes algún interés personal en ello, sino relevante, *relevante*, de forma personal y para el mundo, para el momento, para tu proyecto, para ayudar a hacerte sentir mejor. Por favor, incrementa tu juicio lógico, moral y social. Lo que es relevante tiene un carácter ético y trascendente.

Malas noticias no. Al menos no a destajo. La adicción a las malas noticias no es curiosidad, ¡es morbo!

Limita el número de redes sociales que consultas según las que tienen que ver contigo y tus intereses.

Menos alertas y notificaciones. Deja el teléfono a un lado de vez en cuando, o ponlo boca abajo, al menos mientras estás conversando con los tuyos o trabajando. ¿Es indispensable tener WhatsApp abierto al mismo tiempo que trabajas en tu lista de tareas y pendientes, escribes ese informe o resuelves la base de datos? ¿Sí? Entonces, de nuevo, filtra qué respondes y qué no.

Recuerda, por favor: si *todo* es importante, entonces *nada* lo es.

Es momento de conectar nuevamente con la vida, con lo que hay y con lo que te rodea. Deja de estar distraído, por favor. Sin duda lo que ves en este momento ya lo has visto antes. Eres adulto, difícilmente vas a encontrarte a diario, a cada instante, con maravillas desconocidas que no hayas visto jamás. Pero no importa... es momento de incrementar tu curiosidad y deseo de contactar y conocer en mayor profundidad tanto lo que te rodea como las cosas que haces regularmente para vivir.

Fresco... lo queremos todo fresco, todo nuevo... y perdemos de vista la belleza de lo ordinario y lo simple.

Conecta, contacta, acércate. Renueva el pacto con la vida, que por si no te has dado cuenta, te rodea y forma parte de ti, tanto

como tú de ella. Está ahí, siempre a tu lado y en tu interior, esperando a que le prestes atención. ¿Lo harás?

Ojalá sí. Aún tiene mucho, muchísimo con qué sorprenderte,
pero necesitas estar dispuesto, justo, a dejarte sorprender.

16

No hay problema que no puedas solucionar, siempre que lo plantees correctamente

La técnica conquistará a la fuerza; el autocontrol derrotará la arrogancia; uno no necesita ganar, solo hay que soportar, conservar fuerza hasta que uno pueda mejorar la posición.

DAVID MAMET

Simplemente así son las cosas, así que nadie lo cuestiona. Eso es ceguera del problema.

DAN HEATH

Un problema bien planteado está medio resuelto. Así reza el dicho, y estoy seguro de que es verdad. La cuestión es que a veces intentamos resolver embrollos que no tienen verdadero arreglo, y mucho más a menudo abandonamos por completo los que podrían ser desenmarañados, si tan solo dejáramos nuestro ego y ceguera a un lado, o si estuviéramos dispuestos a replantearnos las cosas, cambiar de perspectiva, reconocer nuestros errores. Es frecuente la práctica de intentar encontrar un arreglo haciendo las mismas cosas de siempre, o repitiendo justo las acciones que nos metieron ahí para empezar. Todo eso no sirve. Por eso es momento de hacer el orgullo y las pasiones a un lado, romper el apego, y abordar la cuestión con tanta objetividad como nos sea posible.

Recordemos por un momento lo aprendido en el capítulo 10, ¿de acuerdo? Ahí comenzamos un buen planteamiento del problema: algunas cosas están en tu control, otras no. Lo que no puedas controlar, déjalo ir. Es vital que comprendas la diferencia, porque si continuas asumiendo que los hechos de la vida, las cosas como son, los cambios a tu alrededor, las desgracias o contratiempos que te ocurren, las decisiones de otros, su interpretación de lo que haces, sus emociones o estados de ánimo, son tus problemas, no solo perderás tiempo vital en atacar una condición que no es susceptible de resolución, sino que te quedarás atorado y bien pronto empezarás a vivir desánimo, desesperanza, aburrimiento y hastío.

«Pero espera. —Tal vez estés pensando—. ¿No dices que todo problema tiene solución?»

Sí, pero debo insistir en esto: *siempre* y *solo* cuando esté bien planteado.

Porque de lo contrario, realmente, no es un problema.

Vamos a empezar por lo más sencillo. Para eso es necesario que primero entiendas la diferencia entre tres conceptos: situación, hecho-de-realidad, y problema.

La *situación* vamos a definirla como algo que ocurre, que acontece, así como la posición que asumen los diferentes participantes en ello, tanto como sus antecedentes y consecuencias. Puede ser algo que involucre a una sola persona, o a varias.

El *hecho-de-realidad* es una situación que no depende de ti, que es totalmente ajena a tu capacidad de acción, decisión, transformación, o involucramiento. Es imposible de cambiar o modificar porque simplemente es.

El *problema* es una situación que sí depende de ti. Tiene que ver con los objetivos que deseas alcanzar y con las decisiones que puedes tomar, los intercambios que es posible hacer, así como tus posibilidades de adaptación.

Vamos a suponer una *situación*: estás en la casa de un amigo, a punto de irte, y a pesar de que es un día soleado, de la nada aparecen unas nubes densas y empieza a llover torrencialmente. Ya sabes, de esas tormentas que aparecen de la nada. Tú no venías preparado así que no traes contigo abrigo, chaqueta o paraguas. ¿Cuál es tu *problema*?

¿No traer con qué taparte? No. Eso es fáctico, realmente no puedes hacer algo al respecto.

¿La lluvia? Esa es otra realidad incontrolable.

¿Que vas a mojarte? Tampoco. Si sales a la lluvia, será inevitable.

Todas esas respuestas, en realidad, son hechos-de-realidad.

¿Quieres mojarte? ¿No? Bien. Dicho de otra manera, quieres mantenerte seco. ¿Cómo lograrlo?

Entendiendo lo que sí está en tus manos, lo que sí depende de ti: pide a tu anfitrión un paraguas o un impermeable. Si no tiene, decide quedarte en su casa hasta que pase la lluvia. ¿Tienes prisa? De acuerdo, busca la bolsa negra más grande que puedas encontrar y póntela sobre la cabeza o el cuerpo.

Pero por favor, deja de quejarte de la lluvia, que no venías preparado o de tu mala suerte. Para de inquietarte porque es un inconveniente y no deja de llover. Si realmente quieres salir de ahí necesitas cambiar de perspectiva, apropiarte de la responsabilidad, de las circunstancias, relajar la mente, y sobre todo ser objetivo: un problema no se arregla lamentando que las cosas no sean como esperas o rindiéndote porque te descubres impotente para cambiar lo que es. El problema se resuelve entendiendo, analizando y poniéndose en acción, adaptándose a las circunstancias una, dos, o cuantas veces sean necesarias, diseñando objetivos, estrategias, tácticas.

Así que empecemos por lo más obvio: dejar los hechos-de-realidad donde están y como son, para poder enfocar nuestra atención en el verdadero problema. ¿Qué es exactamente lo que quiero lograr y cómo voy a hacerlo?

«Quiero salir de esta crisis» no va a funcionar. Es excesivamente vago. «Quiero dejar de sentirme mal.» Tampoco. Eso es como ver un menú y decirle al camarero todo lo que no quieres comer; este necesita saber qué es lo que *sí* quieres. «Quiero ganar más dinero.» Bien, empieza a ser más preciso y específico. «Quiero ganar el 30 por ciento más de lo que gano justo ahora.» Mucho mejor, casi estamos ahí. *«Voy a diseñar una estrategia para ganar el 30 por ciento más de lo que gano justo ahora.»*

Bingo.

Mucho menos *quiero* y mucho más *cómo*.

Hace años leí un artículo del director de cine David Mamet, quien además es practicante activo de *jiujitsu*. Se titula «El arte del dominio»,[25] y en él intenta explicar la forma en que los principios del arte marcial se aplican en la vida común. «Su primer principio [del *jiujitsu*] es el rechazo absoluto de la oposición de la fuerza a la fuerza. Se trata de un sistema de biomecánica: una comprensión práctica y una aplicación de la forma en que funciona el cuerpo.» Lo que Mamet intenta decir es que este sistema no requiere golpes o patadas, empujones o sobreexaltación física, sino una profunda comprensión del funcionamiento del cuerpo humano y un aguzado

---

25. Mamet, D., «The Art of Leverage [Web log post]», 30 de octubre de 2016. Consultado el 23 de noviembre de 2020, en: https://bestlifeonline.com/art-of-leverage-david-mamet/.

análisis tanto de las condiciones, del movimiento, fuerza y aplicación del oponente, tanto como una precisa aplicación de las propias técnicas, continua flexibilidad, adaptación, resistencia continua y una mente muy fría —un luchador de *jiujitsu* recuerda las mejores características de un estoico y un samurái: imperturbabilidad emocional y desapego.

«Por grande, rico o feroz que sea mi oponente, su cuerpo, su mente y sus emociones funcionan igual que las mías: debo contener el pánico, emplear mi sentido común y descubrir sus vulnerabilidades. Que, probablemente, me las indicará los detalles de sus protestas de fuerza —sigue Mamet—. Los que se aterrorizan son aquellos que aceptan, como se ofrece, la fachada de la invencibilidad. Esto no quiere decir que los oprimidos puedan o no ser derrotados por el conocimiento, la organización, la fuerza o el azar superiores, sino que no se necesita más energía, es decir, rendirse, simplemente por la apariencia de estos. Los más débiles no tienen por qué prevalecer inmediatamente. Se trata simplemente de evitar la derrota; de perdurar, conservar la capacidad de luchar y esperar a que se desarrolle el combate. El luchador, empresario o nación que se enorgullece de la fuerza, cuando esa fuerza empiece a apagarse, sentirá pánico, desperdiciando así lo que queda de ella y, a su paso, lo que quede de la razón, con el tiempo, proporcionando una apertura para una simple técnica de final.»

Todo problema, antes de empezar, incluso cuando lo hemos planteado correctamente, parece insuperable. Así debe ser. No sería un problema, para empezar, si no representara dificultad. Pero su solución empieza aquí, con la correcta actitud. Primero hay que resistir, con calma, observando, contemplando, guardando fuerza en lugar de desperdiciarla con ansiedad. Si somos pacientes, nuestro oponente, en este caso el problema a mano, mostrará una debilidad, y es justo ahí cuando debemos mejorar nuestra posición.

Siempre, siempre, debemos mejorar nuestra posición.

Eso supone algo interesante: fluir. Es imposible mejorar tu posición si te mantienes estático, fijo, rígido, convencido de que tienes razón. Para mejorar la posición necesitas moverte, encontrar equilibrio, o a veces, por extraño que parezca, perderlo, de modo que puedas mover tu cuerpo a una posición más fuerte. Implica abandonar un aparente estado de seguridad para poder buscar uno de ajuste, corrección y contraataque. Busca una técnica superior, mediada entre tomar riesgos y ser cauteloso. Eso descubre en nosotros vulnerabilidades, desde luego, pero la fantasía de ser irrompibles solo puede sostenerse a base de la obstinación y la radicalidad.

Así que la primer barrera es definir correctamente el problema, y la segunda es cambiar tu actitud y perspectiva. Parafraseando a Mamet, el movimiento, la técnica, la comprensión, el análisis, la objetividad y la resistencia siempre conquistarán a la dificultad y a los obstáculos insuperables. No hay problemas insolubles, así como tampoco hay oponentes invencibles, pero sin lugar a dudas insistir en aplicar los mismos métodos una y otra vez, creyendo que más tarde o temprano habrán de dar un resultado diferente no solo es absurdo, sino autoderrotador. «Aquel que solo tiene por herramienta un martillo verá todos sus problemas como clavos», decía Abraham Maslow. Tenlo en cuenta.

Estudia primero el problema. No cometas el error de saltar de inmediato a intentar solucionarlo sin tener un acercamiento sistemático, desapegado, al asunto. Esto no se trata de dejarse llevar por impulsos o inquietudes, sino de encontrar soluciones creativas, novedosas, así que aprende a hacer mejores preguntas para llegar a las respuestas correctas. Evita los juicios de valor, especialmente si llevas un buen rato envuelto en el asunto. Ya sabes, cosas como «siempre es lo mismo», «no puedo», «solo las personas con suerte lo logran», «esto es imposible», y especialmente «así es como son las cosas y así seguirán siendo siempre». Estoy casi seguro de que esas afirmaciones vienen de la tendencia a confundir hechos-de-realidad con problemas. No lo hagas, mejor vuelve a la mesa de diseño, por decirlo así, y piensa. Haz un debate contigo mismo. Aun si crees que has visto y medido todo lo posible y que estás haciendo todo cuanto es humanamente posible, debes habituarte a parar, respirar, calmarte y revisar de nuevo. Si no encuentras solución no es porque no existe, sino porque no planteaste el problema de manera correcta.

Ningún planteamiento debería ser sagrado; ninguna postura dogmática. Por ello, no hay técnica o proceso que esté más allá de mejora. Carl Sagan decía que en ciencia no hay autoridades... pues bien, en tu vida y en tu capacidad para solucionar problemas tampoco. Lo que debe haber es una poderosa autocrítica y mucha, muchísima curiosidad.

¿A qué me refiero con autocrítica? No a ser culpígeno, punitivo o autopersecutorio, sino a ser honesto contigo mismo. Nadie es perfecto, tú tampoco. Cuando entiendes que esto se trata de un análisis desapasionado de la realidad, puedes darte cuenta de que ni siquiera es necesario que lo seas, pero que en cambio verte en el espejo, inspeccionar tu conducta, chequear tus creencias, adaptar tus técnicas a los requisitos de la realidad y luego medir y validar tus resultados, sí que lo es. El problema es lo que debería estar en el microscopio, no tu valor como persona, tanto por haber llegado hasta ahí como si no has logrado salir. Así que, de nuevo: nada de juicios de valor. Aprende a dejar de interpretar el peso de las cosas a partir de tus carencias, miedos o necesidades. Esto no se trata de ti, sino de encontrar la solución.

Ahora, sin perturbaciones emocionales, con curiosidad y autocrítica, toma el problema y divídelo en categorías. «Voy a diseñar una estrategia para ganar el 30 por ciento más de lo que gano justo ahora» puede convertirse en:

A. Revisar mis gastos contra mis ingresos.
B. Disminuir mis gastos, ahorrar un poco más.
C. Buscar un nuevo empleo o uno extra.
D. Diversificar o buscar nuevos segmentos de mercado.
E. Invertir en publicidad.
F. Buscar ayuda de algún experto en finanzas, bancos, negocios.

y así sucesivamente.

Algunas categorías pueden subdividirse aún más, para añadir precisión al trabajo. Tomemos disminuir gastos y ahorrar un poco más:

B.1) Haz una lista de tus gastos.
B.2) Seguimiento diario durante un par de semanas. Anótalo todo.
B.3) Analiza tus gastos hormiga.
etc.

Es como hacer un árbol, en el que tu tronco tiene ramas, y cada una de ellas, a su vez, subramas. Eso te permitirá seguir haciendo preguntas, analizar causas, efectos y ejecutar el plan de acción correcto para cada punto. Refinar, refinar, refinar.

Sigue trabajando en mejorar tu posición.

Necesitas hacer movimientos basados en aquello que quieres que suceda como resultado, después de ejecutar los pasos delineados en tu plan. Para ello, como en el ajedrez —a pesar de los mitos al respecto— no necesitas calcular miles de jugadas por adelantado, sino evaluar el resultado de tu posición, de tus acciones, y luego ir paso a paso siguiendo al proceso, para llegar al final.

Problema, definido; emociones y pasiones, bajo control; tareas y subtareas refinadas; método de evaluación y autocrítica en acción. Ahora, el paso final es no perder el rumbo e insistir. Seguir el proceso.

En palabras del gran maestro de ajedrez Garri Kaspárov: «Debemos movernos en una línea estrecha entre la flexibilidad y la consistencia. Un estratega debe tener fe en su estrategia, el coraje de seguirla y mantener la mente atenta para realizar un cambio de rumbo cuando sea necesario».[26]

El objetivo es a dónde quieres llegar, la estrategia es la forma en que vas a hacerlo y tus tácticas son todos los movimientos adecuados, momento a momento, para irte acercando al resultado esperado; movimientos que deben tener en cuenta las circunstancias, condiciones y cambios, de modo que siempre estén en función del avance. Este es un juego que solo puedes perder si dejas de jugar, si dejas de mover las piezas. Es un hecho, a veces habrás de sacrificar un alfil bien posicionado, o hasta la reina, pero el punto de todo no es coleccionar piezas, sino ganar la partida.

Aut viam inveniam aut faciam.

Eso es latín. No tenemos del todo claro quién lo dijo primero… pero sabemos lo que significa:

Encontraré una forma de lograrlo, o habré de construirla.

Desempoderado, impotente, fracasado, derrotado, arruinado, perdedor, débil, son solo estados en tu mente. Mentiras que te di-

---

26. Kaspárov, G. K., *Cómo la vida imita al ajedrez: el mejor ajedrecista de la historia nos enseña a ver la vida como un juego de estrategia*, Debate, Barcelona, 2016.

ces porque te mueres de miedo de intentar algo nuevo, algo distinto, algo radical, algo arriesgado. Es la forma en que te ciegas al hecho de que necesitas regresar al principio y plantear el problema otra vez, ahora de manera correcta, para poder controlar lo que está en tus manos — ¡que es muchísimo! — y dejar en paz lo que no.

Alégrate. La luz al final del túnel empieza a asomar... Y la estás construyendo tú.

17

Sé agresivo pero disminuye la ira. Ten coraje y valentía

El coraje no es simplemente una de las virtudes, sino la forma
de todas las virtudes en el punto de prueba, lo que significa en
el punto de la realidad más elevada.

C. S. Lewis

La violencia es el último refugio de los incompetentes.

Isaac Asimov

La luz se ve. Se asoma, efectivamente, pero aún la sientes lejos. Al
ir por ella, al dar los pasos decisivos que habrán de llevarte a seguir
construyéndola, sentirás más miedo que nunca. Por eso, al emerger
la necesidad de enfrentar al miedo, la valentía, el coraje, es probablemente el principio más relevante de todos. Cuando todas las
demás virtudes necesitan cristalizarse, es el coraje quien las pone a
punto y les permite expresarse en su mejor versión.

Decir que estás construyendo la luz al final del túnel es más
estar tan absolutamente comprometida con tus principios que no
hay otra opción más que seguir adelante.

Ah, pero la frustración. *Siempre* la frustración. Siempre los obstáculos. Siempre tener que lidiar con cosas que salen mal porque alguien no hace su parte, porque alguien no entiende, porque alguien me lastima. Porque a alguien, simplemente no le interesa. Ya estás cansada, ¿verdad?, y cuando nos cansamos nos enojamos, porque el cuerpo duele, la mente protesta y empezamos a querer abandonarlo todo. La ira está empezando a apoderarse de ti y quieres gritar. ¡Basta!

Ojalá sirviera para algo. Te lo digo por experiencia. Pero no, la ira no abona tu paz mental, ni ayuda a seguir adelante, amén de la destrucción que genera a tu alrededor. La ira es eso que sientes cuando te percibes agredida, cuando parece que explotar es la única forma de defenderte. Pero no es cierto… Lo que necesitas es más agresividad, más coraje, más valentía.

¿Cómo? ¿Agresividad e ira no son lo mismo?

No. Al menos no como quiero planteártelo aquí.

Agresividad es ir al frente, de una forma decisiva, en actitud y acción de ataque. Ira, en cambio, es el desborde mental que ocurre cuando lo que estás defendiendo no es tu dignidad o valor, tus principios u objetivos, sino tu ego; tu necesidad de tener razón. Cuando tu postura y creencias, rígidas e irreflexivas, son puestas a prueba, y en lugar de examinarlas concluyes que estás siendo personalmente violentada y debes devolver la violencia. La agresividad puede ser racional, fría, consciente. La ira nunca lo es. La ira es un berrinche infantil en manos de un adulto con herramientas… y eso es muy peligroso.

Disminuye la ira. Esto no es personal. Nadie planea complots contra ti. Mucho menos la vida, o las personas que te aman; esas que están a tu alrededor y con las que te enojas más a menudo.

Pero se más agresiva, por favor. Pisa más fuerte. Pon la espalda más derecha. Responde con más sencillez. Sé honesta, primero contigo, luego con los demás. Avanza más decisiva. Lucha un buen combate.

Responsabilidad radical. ¿Lo recuerdas? Capítulo 4: esto se trata de ti.

Tienes que dejar de depender de la ira para exigir y buscar lo que es bueno para ti. Tienes que dejar de esperar a que el enojo, el hartazgo, la molestia, sea tanta, que no tengas otra opción que explotar. Mejor, en lugar de reventar, dirige tu fuerza hacia donde tú quieres, con la intensidad correcta, moviéndote tú e influyendo al mundo que te rodea para que también se mueva. Acciona, avanza, propón, puja, compite. Sé mucho, muchísimo más activa.

Cuando, después de mucho corregir nuestros impulsos y hacer a un lado los apetitos de nuestro ego, logramos finalmente distinguir lo bueno de lo malo, lo correcto de lo incorrecto, y hacemos de la responsabilidad y la virtud nuestra forma de vida, ocurren dos cosas a un mismo tiempo. Una es maravillosa, la otra no tanto. Por un lado, en el momento de tomar una decisión, cualquier decisión, comprendemos por fin qué es exactamente lo que tenemos que hacer, sin lugar a dudas; las ambigüedades que nublan nuestro juicio se disipan. Ahí, delante de nosotros, está el curso correcto de acción, así que hay que seguirlo. Por otro lado, sin embargo, tomar la decisión correcta por lo regular implica romper nuestra comodidad y exponernos a decenas de riesgos que se agolpan unos detrás de otros, en forma de obstáculos, contratiempos, amenazas, en fin. Con el riesgo viene el temor y la ansiedad. Así que para poder permanecer firmes en esa elección debemos luchar; poco o mucho, da igual, es una lucha al fin. Para luchar, hace falta valentía, y en esa relación entre virtud y valentía se revela la interdependencia entre ambas: para optar por el curso correcto de acción necesitamos integridad, y para actuar en concordancia a sus preceptos, a pesar del miedo, necesitamos del valor y coraje.

En la guerra y el combate son fáciles de reconocer. Todos podemos imaginar en nuestra mente escenas de hombres y mujeres, aferrados a sus armas en plena refriega, enfrentados a la decisión de atacar o huir, optando por la pelea, así les cueste la vida. No obstante, en el haber común también hay muestras de valentía que se nos presentan a cada momento. Una mujer que opta por dejar a su esposo abusivo después de la última pelea absurda (probablemente sumada a un par de golpes), arrojándose a un camino incierto, es valiente. Está defendiendo su dignidad. Un hombre que renuncia a un trabajo injusto, mal pagado y con horarios abusivos, a pesar de no tener otro trabajo que lo sustituya, es valiente. Está defendiendo su amor-propio. Un niño que decide por fin enfrentar al trío de *bullies* que llevan todo el mes haciéndole la vida imposible en la escuela, aun a pesar de que debe recurrir a la agresión para hacerlo, también es valiente. Está defendiendo su lugar en el mundo y su libertad. Todas las personas que justo ahora, en este momento en que yo escribo estas palabras y ustedes las leen, están padeciendo una enfermedad grave, incluso terminal, y pese a todo se levantan a diario, llevan a cabo sus actividades, conviven con su familia, y más allá, sonríen, hacen bromas o cuentan anécdotas, son absolutamente valientes. Están luchando contra el miedo, el más grande de todos —a morir y sufrir—, y aunque les pesa y les exija un grave esfuerzo, continúan haciéndolo, hasta el final.

La valentía es cosa de todos los días. Tan necesaria para llevar una vida satisfactoria como el aire que respiramos o los músculos que cargan nuestro peso y, bien entrenados, nos facultan para lograr proezas físicas extraordinarias. Todo aquel que quiera desarrollar su carácter y, en última instancia, romper el ciclo de la crisis, debe fomentarla.

La paradoja que se presenta aquí es interesante: sin la presencia del miedo, es completamente imposible hablar de valentía.

Aquel que lleva a cabo acciones de valor neutral, que no mueven en su interior emoción alguna, son si acaso costumbre, hábito o rutina. No es que estén mal, por supuesto que no; abundan, y son naturales. Pero para que la valentía haga acto de presencia es necesario estar enfrentados a una situación que atemoriza. Es forzoso estar empujados a elegir entre dos posibilidades: huir o luchar; defender la integridad personal o agachar la cabeza con conformismo.

Valiente es el que mira el peligro a la cara, directo a los ojos, y aun así se niega a retroceder.

El coraje es la virtud que nos permite seguir adelante en la persecución de objetivos dignos y justos, o perseverar en el curso correcto de acción, a pesar de las dificultades, los impedimentos, los obstáculos, los dolores o el miedo.

¿Es valeroso el borracho que se enfrasca en una pelea contra tres oponentes que lo superan en fortaleza o el ladrón que empuña un arma para privar a otro de sus pertenencias? Por supuesto que no. Son como mucho temerarios. Ninguno de los dos está actuando según las normas de la justicia, y esa es la condición necesaria de la valentía. El arrojo, la audacia o la intrepidez son tan solo herramientas de la valentía, y mal haríamos en confundirla con alguna de ellas, pues estaríamos faltando a dar adecuada magnitud al concepto, malinterpretándolo. «Solo hay valentía para el bien»,[27] asegura José Antonio Marina, categórico. Y en el mismo sentido, Inazo Nitobe añade: «El valor era apenas considerado como digno de figurar entre las virtudes, a menos que no fuera puesto al servicio de la justicia».[28]

---

27. Marina, J. A., *Anatomía del miedo: Un tratado sobre la valentía*, Editorial Anagrama, Barcelona, 2014.

28. Nitobe, I., *El código del Samurai: Bushido*, Ediciones Obelisco, Barcelona, 2005.

Vuelve la pregunta: ¿hay enojo en la valentía y el coraje? Tal vez, pero solo en su forma más elemental, y muy al principio, cuando es necesario el empuje de la fuerza para decidirse por la acción valerosa. El enojo es la emoción natural que manifiesta nuestro organismo cuando se percibe agredido o receptor de una injusticia, y este rápidamente puede derivar en rabia, cólera, o cosas muchísimo peores —justamente como la ira—, todas ellas destructivas. El enojo siempre es destructivo, o al menos tiende a serlo, de modo que habríamos de evaluar si es juicioso enfadarse o no; si tiene un fin válido de acuerdo con las normas del honor y la justicia. Después de todo, una vez que nos rendimos a este, no hay marcha atrás.

Probablemente en este punto es en el que queda más clara la diferencia, sutil si quieren, pero evidente, entre valentía y coraje. Hermanos, sí, pero distintos en su aplicación.

La valentía puede ser medida en acción o en paciencia: atacar o resistir (una evidencia clara de sabiduría es la capacidad de poder distinguir entre las dos), o dicho de otra manera, ejercer la valentía de forma activa o en reposo. El coraje, en cambio, siempre es avanzar; siempre es atacar.

No es lo mismo no hacer nada que estar en calma o aguante firme. No hacer nada es simplemente dejarse ir, como un botecito frágil en alta mar, perdido y a la deriva, sin dirección o propósito. La valentía en reposo, en cambio, es intencional. Obedece a una elección meditada. En ocasiones el curso correcto de acción será enfrentar el miedo mediante la batalla, y en otras será enfrentarlo en la entereza. Todo aquel que ha tenido que refrenar sus impulsos en aras de un beneficio mayor, o aguardar pacientemente una noticia que se demora mucho en llegar, sabe de lo que estamos hablando. Hacerlo requiere de muchísima valentía, tanta como ir al frente, con decisión, haciendo lo que es necesario para no romper la rutina ni flaquear en el proceso. Tanta como sea necesaria para cumplir con nuestro deber.

¿Cómo entrenarnos en esta virtud y perfeccionarla? Del mismo modo que lo haría un iniciado que quiere convertirse en un atleta de alto rendimiento: haciendo ejercicio todos los días. Así, los músculos que un día son flacos y débiles terminarán siendo fuertes y resistentes, las articulaciones que son rígidas, se volverán flexibles, y la atención que al principio está disipada, se enfocará y concentrará con precisión. En cuanto al temor, el ejercicio es igual: debemos enfrentar pequeños riesgos, todos los días, para ir fortaleciendo poco a poco nuestra voluntad de arrojo; identificar los obstáculos, decidir si enfrentarlos obedece a la virtud, y entonces hacerlo en forma pasiva o activa, según se requiera. Sentiremos temor, por supuesto, pero lo cierto es que con el tiempo nuestra fuerza de voluntad y el autocontrol se irán haciendo más capaces y enteros, lo que con el pasar del tiempo nos facultará a emprender acciones valerosas más grandes.

Lo hemos venido diciendo y debemos hacer hincapié en ello: el ser humano sabe, a veces a un nivel consciente, y a veces inconsciente, que es absolutamente vulnerable, así como sabe también que es proclive a la flaqueza y que asumir riesgos intimida. La valentía y el coraje son fortaleza que nos da la oportunidad de dignificar nuestra naturaleza porque corrige la tentación de huir. Además, después de todo es imposible no fallar de vez en cuando. Siempre que intentemos hacer algo nos arriesgamos a fallar, y es justo la parálisis o la huida las que previenen este dolor. Con coraje los buscamos activamente. Sabemos bien que la única forma de crecer es enfrentarnos a los obstáculos que aparecen en nuestro camino.

Donde el valiente busca el conflicto para madurar, el temeroso huye hacia la conformidad.

El miedo es un oponente más, no un enemigo. No hay por qué enojarnos por él o maldecirlo. El miedo es evolutivo y sirve para una buena acción: protegernos. El problema es cuando se vuelve excesivo y entonces deja de ser un signo de prudencia y se convierte en la triste angustia que nos vuelve conformistas e intimidados. Entonces es cuando hay que verlo como un oponente a vencer. No conviene negarlo.

Decir «no tengo miedo» es una necedad infantil, es absurdo. Todos tenemos miedo. Eso no es lo importante. Lo fundamental es qué cara le ponemos al miedo cuando este se presenta.

Se darán cuenta, casi al terminar, que nunca nos hemos referido a la valentía o al coraje como algo que se posee, sino como algo que se ejerce. No hemos hablado de poseer valentía, sino de *ser* valientes. Pasivo o activo, en reposo o en enfrentamiento, da igual, sigue siendo un ejercicio.

Nuestro futuro depende de poder enfrentar el peligro, el daño y el dolor con responsabilidad. Los héroes hacen lo necesario sin importar el coste personal. Hagamos igual. Para ser valientes es necesario superar los percances, los problemas, incluso las discapacidades o las limitaciones personales (porque sí, así le pese a la cultura mercadológica, todos estamos limitados... y eso no tiene nada de malo). Es decir no al conformismo.

Cuando dediquemos nuestra vida a un ideal por el que valga la pena, no solo morir sino especialmente vivir, encontraremos una fuente inagotable de valentía. La justicia por la justicia misma pudiera ser ese ideal, y sería suficientemente bueno, pero Marina, nuevamente, nos ofrece un *insight* valioso que pudiera ser ese ideal mayor, superior a nosotros mismos, que estamos buscando. En sus palabras «el hombre valiente es el que puede mantener dos deseos en el corazón sin que explote... y decidirse por el mejor [...]. El proyecto de confort psicológico es diferente al proyecto de una vida bien lograda».

El asunto, para mí, es simple: todos morimos, sin excepción. Todos sufrimos, sin excepción. Es ineludible y, por ello, intentaremos prolongar las condiciones que nos mantienen a salvo, seguros; por otro lado, queremos crecer, superarnos y prosperar. Ser mejores. Vivir mejor.

Estos son los dos deseos que nuestro corazón contiene, y uno de ellos ganará.

¿Cómo quiero resolver esta batalla? ¿Firme, entero, digno, o pequeño, inseguro y derrotado, aun antes de empezar?

Se trata de la calidad de nuestra vida...

Ni más ni menos. La calidad de nuestra vida.

18

Aprende a vivir ligero: minimalismo

Pregúntate a cada momento: ¿es esto necesario?

Marco Aurelio

¿Cuál es el sentido y significado de nuestras elecciones en un mundo lleno de ruido?

Cuánto ruido hay a nuestro alrededor...

Distracciones que ocurren a nuestro alrededor, de forma semi o totalmente caótica, reclamando nuestra atención a cada instante, de manera constante. Noticieros, tuits, publicaciones en Facebook, publicaciones escritas —como las que ya describimos antes—, rumores en la calle, nuestra propia mente que está llena de cosas todo el tiempo, y especialmente nuestro entorno. Nuestras cosas, nuestros objetos, supuestamente preciosos, invaluables. Muchísimo ruido, en un mundo privilegiado como nunca; un mundo que nunca había tenido tanto acceso al conocimiento como ahora.

¿Has tenido la posibilidad de ir a acampar? Probablemente sí. Te habrás dado cuenta, seguro, que cuando estás en ese lugar (a menudo boscoso), montas tu tienda de campaña, cosa que solo toma algunos minutos, y de pronto te das cuenta de que tienes unas quince horas por delante, las cuales en realidad no tienes cómo llenar. No hay televisión, ni internet. Tampoco hay muebles, artefactos, accesorios, utensilios. Puede ser que como mucho lleves un libro, una cafetera para poner sobre el fuego, y si todo va bien, gente a tu alrededor con la cual tener una fantástica conversación.

El silencio. El vacío.

¿Lo sienten?

Frente a ellos, silencio y vacío, se distorsiona nuestra percepción del tiempo y del espacio. «¿Qué hago con todo este tiempo que tengo ahora? ¿Qué hago ahora con toda esta amplitud fantástica que se abre frente a mí?»

Si eres un ser humano promedio, lo primero que se te va a ocurrir es *llenarlo*. Lamentable, pero así es. A la mente humana le cuesta trabajo entender el espacio en blanco, sin carga, pleno, abismal. No sabe qué hacer con ello —quedarse quieto y reflexionar sería una buena idea—, así que debido a la confusión a veces, y al temor frecuentemente, saturamos el espacio con cosas, miles de cosas, brillantes, atractivas, bonitas, deslumbrándonos con una simple mentira: tener te mantiene seguro.

Y hay que decirlo (aunque sea solo de refilón, porque si estamos hablando de minimalismo hay que mencionarlo, es solo que no quiero dedicarle demasiado tiempo a las teorías conspirativas, por llamarlas de algún modo). Sí, querido lector: los medios, los productores, las tiendas, nos tienen condicionados a comprar. Es un hecho. Vivimos en un sistema socioeconómico, al menos los que subsistimos a partir del capitalismo, que depende de la compra y la venta, de modo que una de sus tareas fundamentales y específicas es hacernos sentir insatisfechos. Mientras más insatisfecho te sientas es probable que quieras llenar ese espacio con algo, y lo más cómodo es ir a la calle y comprar. Claro que lo creo, y claro que se sabe, que hay un sistema económico que nos manipula para que gastemos nuestro dinero en cosas hermosas, populares, que realmente no necesitamos.

Ya, dicho, listo. Saquémoslo de la discusión. Porque para empezar, ni siquiera sé cómo de mal está todo eso.

¿Cómo?

Veamos, cualquier forma de manipulación está mal. No me refiero a eso. Pero ya pasamos por el uso del dinero, no lo olvidéis, y ya vimos lo importante que es. Es muy fácil responsabilizar al sistema de que somos consumistas porque nos pone los objetos a la mano y nos intenta manipular. Yo, en cambio, preferiría poner la causa del consumo irrefrenable en nuestra responsabilidad —o ausencia de ella—, en nuestra falta de atención y de cultura de mesura.

El minimalismo, sobre todo como se entiende en Oriente, parte de la idea filosófica de que es importante vivir con lo menos posible, con lo esencial; es decir, rodearte de lo que es básico para tu existencia. Pero eso es subjetivo, ¿no? Lo que es esencial para ti no lo será para mí, o para las personas que te rodean.

Vayamos por partes. La realidad es que para vivir no necesitas tanto como crees. Si bien no debemos convertirnos en Diógenes y terminar viviendo en un barril (no es para tanto), sí que deberíamos considerar la posibilidad de que regularmente nos sobran cosas y tenemos más de lo que verdaderamente necesitamos para tener una existencia cómoda y agradable, ya sea porque no ordenamos, porque compramos demasiado, acumulamos o porque no tenemos bien desarrollado el desapego. El hecho es que el espacio vital se va llenando, poco a poco, hasta tal punto que la comodidad se convierte en incomodidad y sobre todo, en una pesada carga. Si a partir de ahora vas a vivir una vida más sensata, y quieres salir del túnel, sería mejor idea viajar ligero.

Una silla es suficiente, ¿para qué quieres dos? O, por decir, cinco, si es que tienes una familia de cinco, ¿para qué quieres veinte? Para las visitas, claro. Esas visitas que nunca llegan.

Yo, por ejemplo, tengo seis diferentes plumas estilográficas, y solo uso una. ¿Por qué? No lo sé. Las he ido acumulando sin darme cuenta. Me gustan, creo. Hace una semana, más o menos, me entretuve en dejarlas todas a punto, pues al tenerlas almacenadas durante tanto tiempo la tinta se les ha ido secando, lo que amenaza con afectar su mecanismo y correcto funcionamiento. Son como una pistola, ¿sabes?, necesitan mantenimiento y cuidado. Pero ¿seis? Es absurdo, especialmente si tenemos en cuenta que esa una que utilizo es la más barata de todas. Es hora de depurar, creo.

Las cosas que tienes, los objetos de los que te rodeas, hablan de ti, de tu persona. La razón por la que los adquieres, si lo piensas bien, tienen que ver contigo; con tu carácter, tu personalidad, con tus valores, con tu mundo interno, así que desde esta forma de esencialismo, la idea es contundente: *medita tus elecciones antes de comprar.*

Los japoneses, cuyo minimalismo es ejemplar, y ahora además, popular, piensan que si compras solamente lo que añade valor entonces nunca tendrás que hacer un tremendo esfuerzo por limpiar u ordenarlo, porque siempre va a tener un lugar en tu vida. Lo usas, sirve a un propósito, para ti, y para que tu vida se enriquezca. Pero si somos perfectamente honestos, la mayoría de nosotros no compramos cosas porque añaden valor, sino porque como hemos dicho, son bonitas, son agradables, son cómodas, o, en realidad, porque nos vemos obligados a hacerlo por una fuerza totalmente inconsciente; un impulso, como una voz que aparece dentro de la cabeza y dice «¡Ve!». Aparece, habla, grita y, de pronto, ya ni siquiera sabemos por qué le estamos dando clic al botón de *ordenar.* En una época en la que existe Amazon, y la mayoría de los centros comerciales tienen un portal web, con unas ofertas fantásticas, es tan difícil no dar al clic... es tan difícil distinguir el pensamiento distorsionado, basado en una carencia que no existe, que asegura que *lo quiero* es análogo con *lo necesito*.

O propongo algo distinto: que la primer limpieza, el primer orden, venga desde la compra, y no al revés.

Lo que los occidentales hacemos, por desgracia, es comprar primero, luego llenar el espacio, todo el espacio disponible, hasta que al final nos damos cuenta de que es demasiado, así que nos ponemos a limpiar. Organizamos mercadillos, tan tradicionales en América del Norte, regalamos, colocamos. ¡Y por si nos hacía falta algo, aparece el crédito! La posibilidad de comprar *ad infinitum*.

No. Basta. ¿Qué pasaría si todo este proceso fuera producto de observar, poner atención y hacernos conscientes? ¿Si la compra fuese producto de la elección? No compraríamos la mayoría de las cosas que tenemos. Nos daríamos cuenta de cuáles son las motivaciones detrás de la elección. Seríamos capaces de diseccionar el impulso, entenderlo un poco mejor, y eso nos llevaría a la moderación, la continencia y, especialmente, a la templanza. Nos permitiría vivir de una manera más sencilla. Eso despejaría espacio, físico, mental y espiritual, dándonos la oportunidad de enfocar nuestra mente en asuntos más provechosos, más evolutivos y racionales. Vivir una vida filosóficamente rica, existencialmente completa, buscando salud, bienestar y felicidad.

Acumular nos confronta con una realidad humana: para el ser humano nunca es suficiente.

Somos un simio interesante. Un simio que evolucionó hace miles de años, en un momento histórico en que la carencia era tremendamente peligrosa para la vida. Una época salvaje en que estar insatisfechos era básico para nuestra supervivencia. Se trató un periodo largo y agotador marcado por la carencia de alimentos, de personas, de vínculos, y el exceso de peligros constantes, enfermedades, muerte, agresiones de tribus vecinas, y mucho más. No era fácil, así que desarrollar un cerebro que siempre está buscando algo nuevo, algo mejor, fue un punto clave de prosperidad para nuestros ancestros. Eso, sumado a nuestra notable capacidad para hacernos conscientes del entorno, nuestra actuación, nuestros complejos sentimientos e inusitada tendencia industrial, nos trajo hasta este mundo fantástico en donde muchos seres humanos, si bien no todos, podemos abrir el refrigerador y tener comida disponible. En donde el peligro más grave es que te asalten alguna vez, te despidan del trabajo o tu pareja se enfade contigo. Un mundo relativamente menos peligroso, en comparación, a ese en el que apareció el primer *Homo sapiens*.

Cosa curiosa: nuestro cerebro, por si no lo sabías, es exactamente el mismo, sector por sector, neurona por neurona, que el de aquellos que requerían una insatisfacción continua para sobrevivir y prosperar. Si lo piensas bien, eso presenta un reto tremendo, uno que nosotros mismos construimos y diseñamos: el desarrollo de un mundo muy cómodo y agradable que siempre nos ofrece más.

Las opciones abundan, y mientras escribo estas líneas, se multiplican. Son como los gremlins al entrar en contacto con el agua.

La regla debería ser *menos es más*, pero en la búsqueda de nuestra supervivencia, y tras nuestra prosperidad, hemos llegado a este sitio en el que la regla más bien parece ser más es *mucho* más. Nos hemos sobresaturado de ruido, es decir, de opciones. Tantas, que se vuelve cada vez más difícil y laborioso elegir cosas sencillas, intrascendentes, como pantalones de mezclilla o desodorante.

Lo que antes llenábamos de forma espiritual, filosófica, sociocultural, o a través del amor, del compromiso, del compartir, ahora lo llenamos con cosas. Y no es que las redes sociales nos estén aislando, eso es una mentira. Somos nosotros, que estamos tremendamente distraídos. El individualismo nos está volviendo un poquito locos, e irónicamente el miedo a la soledad también, soledad que es justamente esa tendencia a lo individual la que lo provoca. Tenemos un cerebro creativo, capaz de imaginar decenas de opciones que podrían gustarte más que la que tienes delante. Si estás tomando agua, podrías estar tomando café, y si estás tomando café, podrías estar tomando un *espresso*; si estás tomando un *espresso* podrías estarte tomando una copa de brandy, y si estás tomándote una copa de brandy podrías encontrar una copa de un brandy superior. Podría ser que te estés tomando esa copa con tu mejor amigo... pero espera, luego tú y tu mejor amigo podrían estar de viaje en algún lugar fantástico que te gustaría conocer con él.

¿A qué hora acaba?

Cuando tú así lo decidas. Tu cuerpo no lo va a hacer por ti, así que más vale que lo haga tu convicción.

No, la satisfacción real, física, cerebral, no existe. Pero la mental y espiritual sí.

Fortalécela.

Es un fenómeno voluntario.

Aprende a regular. Busca lo que trae valor a tu vida.

Claro, que para eso primero debes determinar cuáles son los valores que te guían. Qué significa para ti ser tú. Quiero creer que, si ya llegaste hasta esta página, es porque estás en camino a entenderlo.

Si nuestro cerebro es capaz de imaginar tantas posibilidades de satisfacciones, entonces por favor dense cuenta de que, día tras día, estamos en una constante carrera por acumular más. No les quepa duda: siempre, siempre, hay algo mejor a la vuelta de la esquina. Para cuando verdaderamente comprendamos que nunca vamos a llenarnos, y que cuando tengamos en las manos ese objeto que tanto queremos realmente no va a satisfacernos más que un ratito —o nada—, será demasiado tarde.

De modo que no hay otra opción posible para nosotros que la desilusión.

Desilusión es una palabra espantosa. Todo mundo la odia, ¿y por qué no habríamos de hacerlo?, se siente horrible. Pero si la asumimos desde su etimología, desde «des-ilusión», lo que el término verdaderamente significa es separarte, romper, dejar de sentir ilusión. Visto desde esa perspectiva, en cambio, es bellísimo. Si lo entendemos desde la posibilidad de salir de la ilusión, de la fantasía, dejar de estar en la ficción, es maravilloso, solo que de buenas a primeras duele muchísimo, pues te fuerza a darte cuenta que todo, absolutamente todo, está hecho de materia cruda, pasajera, que no puede durar para siempre. «¿Y si resulta que me he pasado toda la vida esperando que sea mejor, más grande, más bueno, y en realidad esto que está frente a mí es realmente lo mejor? Esto que está frente a mí, aquí, ahora, a las 11:42 de la mañana.» ¿Por qué no? ¿No podría ser *este* el mejor momento para ustedes, para mí, simplemente porque es lo que hay?

Tal vez porque la mente nos engaña, porque el cerebro quiere, desea, algo distinto. Debe existir, ¿no? Todo mundo sabe que si me esfuerzo mucho deberían pasar mejores cosas para mí. Mañana, pasado. Que si encuentro ese objeto específico, aquello que quiero, entonces voy a ser feliz. Llenamos, porque nuestra capacidad para almacenar es infinita.

Ojalá nos diéramos cuenta de que lo que estamos abarrotando no solo son los estantes de una librería, o habitaciones en una casa. Lo que estamos llenando es un corazón, una vida, que mientras más le echamos más crece, y no se acaba jamás. Llenamos el vacío y el silencio porque nos morimos de terror de descubrir que *esto es todo*; que esto que tienes delante de ti, es la vida.

Utilizamos las cosas para buscar seguridad. Pero ¿y si fuera como decía Alan Watts?

te está robando espacio, así que habría que pensar a quién le estamos dando nuestra existencia: ¿a los objetos que compramos para nuestro placer?

Cuidado.

Tú no eres lo que tienes.

Tu identidad nunca ha dependido de lo que posees.

Usa, goza, ocupa, aprovecha, y cuando haya cumplido su propósito, déjalo ir. El objeto más caro es el que no usas. El objeto más caro es el que te roba la vida.

Viaja ligero. Suelta lo que te estorba. Pesa demasiado.

La salida del túnel está cerca.

19

Deja de una vez de autoderrotarte

Es muy difícil pensar. Tienes que estar entrenado como loco
para pensar. Tienes que ser capaz de dividirte internamente en
un par de personas diferentes, y entonces dejar que tengan una
guerra en tu cabeza.

JORDAN PETERSON

En cada adulto habita un niño —un niño eterno—, algo que
siempre se está convirtiendo, nunca se completa, y pide
atención, cuidado y educación incesantes. Esa es la parte de la
personalidad que quiere desarrollarse y hacerse entera.

CARL JUNG

Dicen que la resistencia es más fuerte justo al final del camino.
Puede ser que así sea. Lo cierto es que en ese punto llevas un buen
rato trabajando, seguramente ya estás cansado, aún no obtienes los
resultados que quieres —tal vez nunca los obtengas—, te has adap-
tado un montón de veces a las circunstancias, y aun así, nada. No
hay certidumbre, control ni garantías, solo posibilidad, y aunque te

aferras con todas tus fuerzas a ella, sin importar cuan fuerte o motivado estés, existe una fuerza que trata de detenerte. Pensamientos
desagradables, negativos o conductas paradójicas, casi infantiles,
pospones tus tareas, detienen tu inercia, y te llenan de miedo. O,
por el contrario, te llenas de ansiedad, de prisa, de desesperación, y
entras en una carrera loca que en lugar de mantenerte en el rumbo,
estable y constante, te quema en ansiedad y saturación. Lo quieres
ya, ¡ya!, todo, de una vez, sin espera, así que te vuelves voraz, hostil,
irracional.

Amenazas con rendirte.

No es autosabotaje. No es un deseo de fallar o dañarte a ti mismo. No es ira dirigida hacia ti mismo, o culpa. Es algo más, algo
distinto.

Es más bien un deseo de parar.

Es el miedo que se manifiesta. Que repta a lo largo de tu columna, se instala en tu cabeza, en tu alma, y te pide que no sigas. El
miedo que, irónicamente, está tratando de protegerte, tal vez de la
desilusión, del riesgo, del dolor que implica luchar, pero que en su
caricia, en su abrazo bienintencionado, te infantiliza, buscando re-
tornarte a un estado de ego, de angostura y contracción de consciencia, en el que no tienes nada que temer, porque para empezar
no hay deseo, ni aspiración, de modo que tampoco hay peligro o
frustración. Un estado del ser en el que no hay conflicto.

No puedo explicarte por qué dado que, en serio, desconozco la
razón. Pero la realidad es que la mente siempre crea sus pensamientos en pares. Tal vez es un rasgo evolutivo, tal vez se debe a la
necesidad inherente que tiene nuestro cerebro a comparar, de modo
que pueda darse cuenta de qué es real y que no. Tal vez se deba al
hecho de que no podemos saber qué es frío si no conocemos el calor, o qué es dolor si no conocemos la calma; qué es blanco sin negro, o bueno sin malo. Lo que sí es cierto es que cada vez que em-

prendes el viaje hacia algo más, ya sea resolver tus problemas, o más aún, crecer y volverte la mejor versión de ti mismo, tu mente, presta, habrá de mostrarte la antítesis de tu deseo. Para cada sueño de éxito hay una imagen de fracaso. Para cada posible éxito, la derrota. Y para cada avance, retroceso.

Es como si una parte de tu mente, permanentemente incrédula, se pusiera frente a ti, con la palma en alto, en señal de que pares, y te preguntase «¿De verdad lo quieres tanto? ¿De verdad es tan importante para ti? **Demuéstramelo**».

Algunos capítulos atrás revisábamos a Jung, cuya teoría postula que la adultez es poseer la capacidad para resolver el conflicto. Permitir que los opuestos se enfrenten en tu mente y de esa lucha emerja el consenso. La autorregulación, la posibilidad de elegir, y de mantenerte firme en esa elección pese a las dudas. El niño, insistía, no tiene por qué lidiar con tal controversia, puesto que todas las decisiones se toman por él, permaneciendo así en un estado inconsciente e ignorante de problemas o tensiones. El adulto, en cambio, descubre en su crecimiento la dicotomía; que las limitaciones externas se vuelven internas, y un impulso se opone a otro. Nos volvemos conscientes del estado dividido de la mente, así que nos pasamos el resto de la vida tratando de poner ambas partes de acuerdo, a menudo con poco éxito. Aparece la consciencia de tensión —dos posturas tirando en direcciones contrarias—, o de presión —las posturas oponiéndose entre sí—, y el botín, la recompensa, es el control de tu mente. Quien gane la batalla, parece, gobernará tu destino. Por eso, justo por eso, es fundamental el acuerdo entre ambas. Pero, Jung nos advierte severo, si nos rendimos en esta eterna búsqueda de consenso, si permitimos que nuestra mente se rinda a la ilusión de un estado mental y vital sin tensión, sin lucha, en el que todo está permanentemente en calma, cómodo y seguro, habremos de volver de nuevo a un estado de ficticia inocencia, en el que permaneceremos infantiles, apegados a un optimismo injustificado, o a un negativismo radical; crédulos o cínicos, engañados o enojados. «Algo en nosotros desea seguir siendo un niño, permanecer inconsciente o, a lo sumo, consciente solo del ego; rechazar todo lo extraño, o someterlo a nuestra voluntad; no hacer nada, o de lo contrario, dar nuestro propio deseo de placer o poder.»[29]

Y es que en el placer o el poder, en la inconsciencia eterna, ignorante e impotente, o en el control absoluto, soberbio, omnipotente, todo está siempre bien, todo es conocido, todo es obvio y manejable. Pero ambos estados, el que cree que todo lo sabe o todo lo puede, y el que cree que nada es posible y la desgracia es segura, son fantasías creadas por la mente con una sola misión: mantenerte a salvo. Dejarte en un estado frágil, absoluto, en el que no hay cambio ni movimiento.

A veces se expresa en la forma de déficit: «Estoy cansado, esto ya ha durado demasiado. Mejor déjalo estar».

A veces se expresa en la forma de voracidad: «Rápido, dámelo todo, termínalo todo, puedo con todo, pero ¡rápido, rápido, rápido!».

Lo reconoces cuando trata de hacerte sentir sobrecargado, saturado, o por el contrario, cuando te inclina a tomar demasiados proyectos al mismo tiempo, tantos, que no puedes terminar bien uno solo, así que igual te rindes. Cuando te lleva a hacer cosas que sabes perfectamente que no deberías hacer, o te distrae, así que te olvidas de lo que es prioritario, o te pasas la vida posponiendo, procrastinando. Cuando te vuelve hipersensible, volviéndote agresivo o defensivo contra ti mismo o contra los demás, intolerante a la crítica o la corrección o absolutamente autopunitivo.[30]

---

29. Jung, C. G., *Collected Works of C.G. Jung, Volume 8: Structure & Dynamics of the Psyche*, University Press, Princeton, 2014.

30. Estas tres ideas las he tomado y parafraseado de Steven Pressfield. Pressfield, S., *The war of art*, Orion, Londres, 2003.

Imagínate que un día decides hacer ejercicio. Eso está bien. Mides tu capacidad, expandes tu esfuerzo y llegas a la conclusión de que puedes hacer 80 flexiones por día.

Bien. Haz 80 flexiones. Si haces menos, te estás autoderrotando, presiónate un poco. Pero si haces más, te vas a lesionar sin necesidad, así que también te autoderrotas.

Otro día te das cuenta de que puedes levantarte un poco más temprano y empezar antes tus actividades, así que programas tu alarma para madrugar. A veces te dará pereza, eso es normal, así que debes presionarte un poco, pero otras veces te da por levantarte tan pronto que duermes solo cuatro horas varios días seguidos. Olvídalo, eso es peor aún.

Te autoderrotas cuando te rindes, pero también cuando te excedes. Al no apretar un poco más, o al exigirte demasiado. En suma, te autoderrotas cuando olvidas que estás haciendo esto para volverte una mejor versión de ti mismo. No lo haces para cumplir con la exigencia de otros, sociedad, familia, pareja, ni para hacer más solo por el hecho de hacer más. La idea última es que esto no es solo solucionar problemas de forma definitiva, para poderte mover inconsciente, inerte, en pos del siguiente problema, sin aprendizaje o cambio, solo porque sí, solo porque puedes.

La idea es *contactar* con una parte de ti, una parte más alta, sabia, que tiene siempre el mejor interés por ti y para ti mismo. Una parte profunda, digna, increíblemente valiosa, que traes desde siempre ahí, al lado de tu corazón, tu mente o tu espíritu —donde prefieras ubicarla—, que aunque no la veas o creas que no existe, forma parte de tu historia, dignidad y destino. Es esa gran parte de ti que sabe, con absoluta claridad, que eres bueno hasta el fondo de tus huesos. Esa parte de ti que vale la pena ser protegida por encima de todas las cosas.

Ese hondo y valioso centro de tu ser requiere compasión, atención, custodia. Requiere ser nutrido, entrenado y potenciado. No, no es tu niño interno... es otra cosa. Me lo imagino como un foco de inagotable energía, capaz de sacar lo mejor de ti si le prestas atención, de vincularte con la naturaleza y tu entorno, si es que guardas silencio, y de entregarte a un servicio mayor, si es que dejas de alimentar a tu ego con inseguridad, miedo y deseo de control. ¿De dónde viene? Tal vez del cuidado y amor que recibiste de pequeño, o si faltaron esos cuidados, de tu capacidad para sobrevivir y crecer a lo largo del tiempo. O tal vez es más simple aún, tal vez simplemente la traes ahí, por diseño, de nacimiento, por el solo hecho de estar vivo. Para el caso ¿importa demasiado? La cuestión es que la busques, porque está ahí, eso es un hecho. Tal vez la has ignorado durante años, así que es pequeña, o en algún momento te convenciste de que no era importante, da igual. Habré de repetírtelo miles de veces si es necesario: está ahí, es real, y si tú has llegado hasta aquí, es momento de que la desarrolles y le des su lugar. Toda posibilidad de amar y contactar con lo que te rodea viene de ahí. Solo tú puedes protegerla y usarla. Se alimenta de tu vida, así que en su momento, junto contigo, se extinguirá. Mientras eso ocurre, aquí y ahora, entérate de que estás obligado, por contrato, a cuidarla. Eso es lo más importante.

Es la parte de ti que puede, sin rodeos ni ambages, responder de una vez por todas, ¿cuál es la raíz de toda motivación? ¿La fuerza o el poder? ¿El control o el flujo? ¿El rencor o la conciliación? ¿El odio o el amor?

Tú sabes la respuesta. Tu centro también.

Ríndete.

Solo ten presente algo importante. El amor tiene dos expresiones al mismo tiempo, y ambas se requieren; son mutuamente incluyentes e interdependientes: aceptación incondicional y evaluación condicional; compasión (o autocompasión) y empuje, exigencia; la función materna que te asegura que siempre serás amado, querido y cuidado, sin importar nada, y la función paterna, que te pedirá que te ganes tu lugar en el mundo, al lado de las personas de bien, como un ente de honor y estatura. Dignidad y mérito, valor y virtud. Ese es el verdadero amor.

Cuando contactas con tu centro y lo proteges, lo expandes, no hay posibilidad de autoderrota. A veces deberás acariciarte a ti mismo, y a veces impulsarte con toda la energía que tengas. ¡Aprende a distinguir la diferencia! Juega con tu energía, equilíbrala al mantenerte en movimiento, en búsqueda, curioso, enamorado de la vida y sus posibilidades.

Y cuando mueras, ah, cuando mueras, te prometo que no será a medias.

La vida es curiosa, querido lector. Es suficientemente larga para hacerte creer que no es corta.

Es muy, muy corta. Así que recuerda el refrán budista: «El más grave error humano es creer que tienes tiempo».

Esto no se trata de lo que deberías hacer sino de quién eres. Y eres bueno, hasta los huesos. ¡No lo olvides!

Drama, drama, *drama*. Por favor deja de añadir drama innecesario en tu vida. Crear telenovelas es un síntoma de resistencia. «¿Para qué invertir años de trabajo en diseñar un nuevo software —añade Pressfield—cuando puedes obtener mucha más emoción y estimulación empezando una relación sentimental con alguien con un récord criminal?» Mantén tu vida simple, sana, limpia, en el espíritu del minimalismo, sin privarte de cosas buenas, pero siempre cuidando tu gasto de energía. Tenlo presente otra vez: te vuelves súbdito de aquello que atiendes, así que elige tus relaciones, tus vínculos, tus intereses, tus entrenamientos, tus conocimientos, tus curiosidades. Rodéate de todo aquello que te infunde vida y no muerte. Sé honesto contigo mismo, no te mientas, ¿para qué? *Poco veneno no mata...* ¿Seguro? ¿Para qué arriesgarte? ¿Para qué ponerlo a prueba?

Usa tus límites, entiéndelos, expándelos, pero nunca permitas que te definan.

No confundas la cosmética con la esencia. Trabaja en tu cuerpo, sí, y en tu aspecto, en tus conocimientos, en tus aprendizajes, hasta que estés cómodo. Refina la máquina que te conecta con la vida, pero para darle un mejor hogar a tu centro, a tu foco. Esa es la esencia de todo.

Pero sobre todo, rompe con el achicamiento y la estrechez.

¿Te has dado cuenta que mientras más miedo, vergüenza, culpa, apatía, rabia, orgullo o apego tienes, más paralizado o hiperactivo estás; más apático o angustiado te sientes? Es porque tu conciencia, se ha contraído. Tu ego, en su impulso por protegerte y mantenerte a salvo, te lleva a retroceder, encerrándote en un caparazón donde sí, efectivamente, te sientes seguro, pero también solo, muy apretado, y muy, muy asustado. Ahí, en la estrechez, te convences de que el uso de la fuerza, la coerción o la manipulación, controlándolo todo, es la respuesta.

Mentira. La respuesta es el coraje.

Más coraje, menos ira. Más voluntad, menos vergüenza. Más aceptación, menos culpa. Más amor, querido lector, más amor. Expande tu mente. Ábrete.

¿Van a lastimarte? No más de lo que lo haría perderte de la vida.

Así que toma esa parte de ti que es valiosa, que necesitas cuidar, y procura tu salud, tu bienestar y tu felicidad.

Que sean los pilares sobre los que construyes todo.

Mente adulta. Resuelve el conflicto optando por el amor y el cuidado. Por la vida.

En este punto, por fin, verás que el túnel solo era una transición. El espacio en el que la oscuridad necesitaba retarte para que, de una vez por todas, para siempre, pudieras encontrar la luz, que nunca estuvo fuera. Siempre fue parte de ti.

Ven a la vida. Únete al baile. Lucha por lo que quieres, por lo que vale.

Bienvenido del otro lado.

Ahora, empieza el nuevo capítulo de tu historia.

20

Antidebilidad

Un carácter fuerte es mucho mejor que buena fortuna, o depender que las cosas salgan como quieres.

Cuidado con la comodidad. Todos la deseamos. Todos nuestros esfuerzos son tendentes a ella, pero nos está volviendo frágiles. Nos está volviendo débiles.

¿Quieres saber que es la antidebilidad?

No es fortaleza, robustez o corpulencia.

Tampoco es flexibilidad, elasticidad, adaptabilidad, capacidad de rebote.

Es un continuo. Es flujo. Es la capacidad de cambiar de posición a voluntad.

Es equilibrar de forma constante, voluntaria, tantas veces como sea constante.

Es encontrar la raíz del problema,

de la emoción,

del conflicto.

Es diseccionar, tamizar, despejar, filtrar, depurar, aclarar, y luego aceptar.

Lo que es. Lo que tienes. Lo que viene. Lo que eres. Sin protesta, con presencia.

VOLUNTAD EN BRUTO.
así, sin refinar

Me encanta ese concepto. Sin adornos. Porque justamente la voluntad NO es linda.

La ternura, sosiego y paciencia, tan vitales para nuestro ser, para nuestra felicidad, son sentimientos y pensamientos que apelan a la calma y son, en sí mismos, agradables, serenos, sutiles...

La voluntad no es sutil. Es cruda. Y a veces es lo único que tenemos.

No es fuerza de voluntad. Esa se agota. Solo es voluntad, a secas. El poder de tu mente, tu cuerpo y tu espíritu trabajando como uno solo. Es el anhelo de perseverar, las ganas de no ceder.

Recuerda la DISCIPLINA: la correcta administración (gestión) de los propios impulsos, pensamientos y esfuerzos. Y eso nos lleva a la correcta administración de nuestra energía.

Para triunfar, tener éxito, o vamos, ya, con claridad, hacer bien lo que quieres, necesitas dedicar cada segundo y cada recurso a prepararte y entrenar. Los atletas de excelencia no tienen «vacaciones» ni tiempos libre. Los guerreros tampoco. ¿Los médicos? No. ¿Y tú sí? Deja de vivir la vida a medias. Lograr lo que quieres requiere compromiso. De por vida.

Devoción; ser un devoto a tu arte, tu talento, tu deseo.

¿De verdad crees que sin entrenamiento, sin preparación, podrás lograr lo que quieres solo porque lo quieres?

VOLUNTAD EN BRUTO.

No es desear, fantasear, juguetear.

Es tocar con los pies en el suelo, EN FRÍO, y ponerte a trabajar.

No es esperar a que llegue la inspiración.

Es ir a buscar a la maldita caprichosa.

No es ESPERAR AL MOMENTO correcto, sino hacer que el momento llegue.

Pero para eso tienes que hacerte responsable. Mientras los demás tengan la culpa, escúchame bien... los demás tendrán el control.

Si las cosas cambian, será porque ellos quieren.

Si te va mejor, será porque ellos quieren.

Y si eres feliz, será porque ellos quieren.

Pero si eres responsable, si de verdad te haces cargo de ti mismo, ENTONCES tú eres el amo de tu destino.

Aprende a perder, porque a veces es inevitable. Llora, grita, pega... ve al gimnasio, haz miles de flexiones, golpea el saco... llama a tu mejor amigo, cuéntale tu dolor, descansa un día, dos, ábrete una cerveza o ponte una copa de vino y gózala.

Y luego vuelve al ring... porque ahí estamos esperándote. La vida no desperdicia nada... no creas ni por un segundo que si peleas, la vida no volverá en tu dirección. Lo hará, te usará, y servirás, PORQUE ERES ÚTIL.

SIENTE DOLOR, vívelo, úsalo, y después pelea de nuevo.

PERSISTE.

INSISTE.

MEJORA TU POSICIÓN.

Lo que es tuyo no lo es porque lo pides al universo. Lo es porque trabajas para ganártelo.

La próxima vez que lamentes que algo no es para ti, piensa qué es lo que dejaste de hacer, en favor de qué. Qué dejaste ir para ganar qué. Y considera si el intercambio fue positivo. ¿No lo fue? ENTONCES TRAE TU CUERPO Y TU ALMA DE NUEVO AL ÁREA DE ENTRENAMIENTO Y TRABAJA CON TODO TU CORAZÓN OTRA VEZ y OTRA VEZ y OTRA VEZ hasta que ESTÉS SATISFECHO.

VOLUNTAD EN BRUTO.
Toma mejores decisiones y controla lo único que puedes
controlar: a ti mismo.

No aspires a la perfección, eso es absurdo. Ya eres perfecto justo ahora; no tiene ningún sentido aspirar a lo que ya eres y lo que ya tienes.

Lo que no tienes es SATISFACCIÓN.

Y no la tienes por una de dos:

Estás confundido, arrastrado por el discurso social. Por la manía de tener todo lo que quieres, convencido de una inferioridad en la que requieren tenerte para que sigas comprando, para que sigas intentando llenarte con cosas que no necesitas.

O porque de verdad NO ESTÁS HACIENDO TU MÁXIMO.

Sé flexible, recuerda que todo cambia, y debes adaptar tus esfuerzos a ese cambio. La rigidez no es perseverancia.

SI TE CANSAS, DESCANSA.

Nunca renuncies.

ESO es perseverancia.

No es debilidad adaptarse. Es inteligencia.

En el proceso serás herido, saldrás lastimado, y a veces tendrás que sanar. Sanar duele, punto. Se supone que debería ser de esa forma. Y no, NO ES PERSONAL.

A veces, la fortaleza se reduce a esto:

Quédate en pie.
Sé responsable.
AMÁRRATE LOS PANTALONES.
Y aguanta la maldita tormenta.

Eso es todo.
Se trata de ti. SIEMPRE SE HA TRATADO SOLO DE TI.

Para de esperar a ser rescatado. No va a ocurrir.

Si quieres que algo pase, haz que pase.

Y si no pasa... HAZ OTRA COSA, pero HAZ ALGO.

El optimismo es el verdadero realismo. En verdad.

Nada malo dura para siempre. Nada.

Y nada malo, salvo la muerte, puede destruirte.

Nada engloba toda tu vida. Solo tu pesimismo.

Me encanta esta frase: «Un jardín no es para presumirlo. Un jardín debería de ser para cultivar, y para poder comer de él».

Da la casualidad de que un buen jardín, bien hecho, que te da un montón de alimento, bueno, para ti y los tuyos, ES HERMO-

SO, porque es naturalmente bello. Todo lo que funciona es naturalmente bello. Pero así es porque sí, no porque intentas que lo sea. Con que lo trabajes para ser bueno, basta. Pero si te enfocas solo en la cosmética, o peor aún, en PRESUMIRLO, terminarás destruyéndolo.

Por DIOS. Mantén la cabeza EN ALTO.

Tus verdaderas necesidades, esas de vida o muerte, son pocas. Mantenlas así. Lo demás son deseos, y está bien que los tengas. Está bien que los satisfagas. Pero cuando venga la tormenta, Y VENDRÁ, recuerda que necesitas MANTENER LA SIMPLICIDAD.

Pocas cosas atentan contra tu supervivencia. ¿Contra tu comodidad? Ah. Contra eso… TODO.

Vivir. Vivir atenta contra tu comodidad.

Porque estás muriendo cada día, para poder vivir un instante más.

Mide tus miedos y preocupaciones de manera racional y luego ajusta tus esfuerzos a esas necesidades.

En tiempos de paz, prospera.

En tiempos de lucha, pelea.

VOLUNTAD EN BRUTO.
PODER Y RESISTENCIA. Distínguelos. Los necesitas
ambos, así que haz ejercicios para generarlos:

Come bien. Punto. No se puede negociar. Come bien y tendrás la energía necesaria.

Duerme bien, descansa. Misma historia. No puedes ganarle al desgaste.

Haz ejercicio.

(Sí, las tres cosas tienen que ver con la mente).

Medita.

Lleva un diario. Escribe. Piensa.

Aprovecha los momentos buenos para fortalecerte. No esperes a los malos para empezar a trabajar. No esperes a estar débil, tirado y lastimado. Si ya lo estás, recuerda: no es personal. Así es. Es lo que tienes. Levántate en frío.

Pero todos tenemos buenos momentos. Aprovéchalos. Y si crees que no los tienes, APRENDE A VER MEJOR, porque este *show* es de subir y bajar. Todos tenemos buenos y malos momentos.

Busca pequeñas incomodidades y sométete a ellas. Aguántalas. Eso te hará más fuerte y paciente.

Fíjate pequeñas metas, a diario, y empújalas. Un poco cada vez. Una repetición más, un poco más de peso, un minuto más.

Optimismo, y confianza. Sin ambas, ¿qué va a mantenerte peleando cuando todo parece perder el sentido?

Lo harás tú. Siempre tú.

Lo hará tu carácter.

Lo hará tu autoestima.

Porque se trata de ti. Siempre se ha tratado de ti.

Esto es antidebilidad

21

Reconstruyendo la esperanza

La esperanza es el viaje, no el destino.

Diane Eshin Rizzetto

El tipo de esperanza en el que pienso a diario la entiendo sobre todo como un estado mental, no como un estado del mundo. La esperanza no es pronóstico. Es una orientación del espíritu, una orientación del corazón; trasciende al mundo que se experimenta de inmediato y está anclada en algún lugar más allá de sus horizontes. No es lo mismo que la alegría de que las cosas vayan bien, o la voluntad de invertir en empresas que obviamente se dirigen al éxito temprano, sino, más bien, la capacidad de trabajar por algo porque es bueno, no solo porque tiene la oportunidad de tener éxito. Cuanto más poco propicia es la situación en la que demostramos esperanza, más profunda es esa esperanza.

Václav Havel

Rebeca era una mujer inteligente, destacada en su profesión, querida por su familia y su pareja, acompañada por amigos y sin grandes dificultades económicas. Aparentemente lo tenía todo. Siempre parece de esa forma para quienes miran desde fuera.

El infierno, al fin y al cabo, se vive dentro.

Rebeca ya había intentado suicidarse dos veces. La primera hacía ya algún tiempo, y la segunda fue durante su tratamiento conmigo, muy al inicio.

Decir que estaba deprimida y gravemente ansiosa no hace justicia a la situación ni a su seriedad. El problema es que se había vuelto una persona fría, escéptica, poco dispuesta a vincularse emocionalmente con las cosas, desinteresada en lo que antes le gustaba, y lo peor de todo, con una pérdida total de esperanza en el presente, la vida y el futuro. Los medicamentos que tomaba, antidepresivos y ansiolíticos, no surtían efecto, al menos no el necesario, y la terapia tampoco sumaba. Rebeca, para empezar, ni siquiera creía en los psicólogos. Charlatanes, le parecíamos, por decir poco. Yo le agradaba… lo que era bastante bueno dadas las circunstancias, pero no era suficiente. Ni por asomo.

Así que un día, de la nada, como suele ocurrir en estos casos, Rebeca entró en una especie de anulación mental, sumiéndose en una neblina densa, desconectada temporalmente de sus emociones, y en una forma peculiar de piloto automático, robótica, fue hasta uno de los cajones de su cómoda, buscó un kit de jeringas previamente seleccionado y escondido en caso de que llegara la ocasión, y luego se sentó en la cama. Por supuesto, no diré aquí qué fue lo que se inyectó, solo les aseguraré que era preciso y suficiente para cumplir la tarea. Rebeca no debía despertar de nuevo.

Y sin embargo lo hizo. Un par de días después, aún en *shock*, me contaba que al abrir los ojos, en el hospital (su padre la había encontrado inconsciente en su habitación), primero se vio envuelta por la sorpresa, después por la incredulidad y ya, por último, por la desilusión y la rabia. «¿Cómo podía haber fallado? —pensaba—. No tiene lógica… debió resultar. ¡Ni siquiera matarme lo hago bien!»

—No quiero estar aquí —me dijo—. No quiero, no quiero, no quiero, y no hay *nada* que puedas decirme para que quiera.

Primero me quedé callado. Claro, porque tenía que pensar bien lo que iba a decir a continuación, pero también porque ella no estaba del todo equivocada.

— Así es —respondí, tan honesto como me era posible—. No hay nada. Absolutamente nada —torcí la boca y suspiré—. Si lo piensas bien, incluso, ni siquiera tengo derecho a decirte que no lo hagas. Es tu vida, te pertenece, así que no te voy a faltar al respeto con todo ese rollo de que no te mates para no lastimar a los tuyos, porque hay gente que te quiere, porque no es justo para ellos, y bla, bla, bla. No. Joder…, ni siquiera te voy a decir que tienes valor, que eres genial y todo eso… Lo eres, pero no creo que te importe; al menos no por ahora. ¿Sabes lo que si voy a hacer?

—¿Qué?

—Ir por agua. Tengo un poco de sed. ¿Quieres algo?

Rebeca me miró, sin entender muy bien.

—No —respondió, seca.

Entonces me levanté, salí del consultorio y entré en mi casa. Por supuesto que *Dixie*, mi border collie, estaba esperándome en la entrada, como lo hacía siempre. La miré, le acaricié la cabeza y le dije: «Necesito tu ayuda, querida». Acto seguido abrí la puerta y la dejé salir. Veloz como un rayo, como si supiera exactamente qué y con quién tuviera que ir, fue corriendo hasta el consultorio.

—Rebeca —le dije—, ¿me cuidarías un momento a *Dix*? —Cerré la puerta y me quedé un poco más lejos, observando por la ventana.

Claro que no tenía sed. Solo quería probar eso… A Rebeca le fascinan los perros; siente mucho afecto… Estaba seguro que *Dixie* podría conectar con ella de una manera que yo no, y que en esa conexión sería capaz de ayudarle a entender algo que las palabras no podían transmitir.

Juntas, salieron del consultorio para ponerse a jugar en el jardín de al lado. Una corría, la otra seguía, brincando, lanzando la pelota, sentándose en el césped, ladrando, riendo, hasta que pasaron unos veinte minutos. Después de ese rato yo salí, Rebeca y yo regresamos a nuestros asientos, nos quedamos mirando un momento, hasta que sonreí, di un sorbo al vaso de agua, y me animé a preguntarle.

—¿Mejor?

Asintió con la cabeza, sonriendo un poco.

—Tú decides cuándo te bajas del barco, Rebeca. No te podemos detener. Solo ten en cuenta algo: si lo haces también te perderías ese amor, justo ese, que acabas de experimentar. Si lo haces, cierras la puerta, se acaba la posibilidad, y con ello las sorpresas. Te pido que confíes en mí. Si bien tú no crees en el sentido de la vida, yo sí. Puedo enseñarte, si me lo permites, justo como *Dix* acaba de enseñártelo. ¿Quieres intentarlo?

Volvió a asentir. Con eso me bastaba.

El proceso siguió e hizo lo suyo. La terapia, créanme, funciona, esta no fue la excepción. Rebeca asistió a sus sesiones, dos veces cada semana, durante meses. Dialogamos, debatimos, filosofamos. Se hicieron modificaciones al esquema de medicamentos, luego se retiraron. Exploramos el pasado, la historia, los errores, las culpas… las enormes e insalvables culpas… lloramos, discutimos, reímos, entendimos… *Dixie* iba y venía, siempre atenta, ahí, sentada al lado de Rebeca, y yo interpretaba, acompañaba, escuchaba, proponía, hasta que un día, de la nada, emergió la esperanza.

—No sé si la vida tiene sentido —me dijo—. Tal vez es como me has dicho mil veces, tal vez no por sí misma. Pero tengo curiosidad. Quiero ver qué sigue. Amo a mi pareja, amo a mis perros. Me gusta vivir. Creo que estoy lista para hacer algo con esto. Tal vez soy yo la que tiene que encontrarle sentido. Tal vez no se trata de si la gente o el mundo son buenos o no. Tal vez se trata de que yo cambie.

Y cambió. Vaya si cambió.

Han pasado los años. Una vez que di de alta a Rebeca ocurrió algo curioso y poco frecuente: nos hicimos amigos, así que he tenido la oportunidad de continuar acompañándola, ahora en otra faceta, después de todo aquello. La vi cambiar de profesión —pues odiaba la anterior—, casarse, profundamente enamorada, independizarse, viajar, encontrar sentido y significado de vida al lado de su esposo y su preciosa *Po* —una border collie, justo como *Dix*—, ayudar a otros, con consejos, compañía, cariño. La he visto reír, abrazar, crear, cambiar. La he visto vivir.

Hace un par de semanas, subió a Instagram una foto de su *Po*; una fantástica toma en blanco y negro. Abajo, había escrito la leyenda:

La esperanza es la muerte del miedo.

Tomé el teléfono y le escribí por *WhatsApp*.

«Soy tu fan. ¿Es tu frase? Me fascina.»

—No sé —me respondió—. La llevaba en mente. Supongo que vi algo similar en algún lado y la adapté. Te la regalo.

Y ahora, Rebeca te la regala a ti.

La esperanza es la muerte del miedo.

¿Sabes qué es la esperanza?

No es sentarte a *esperar*, justamente, a pesar de lo que dice la palabra. No es quedarte quieto, pasivo, dejando pasar el tiempo y ya. Mucho menos es obsesionarte con la inexacta idea de que las cosas serán mejor, algún día, más adelante. No es desarrollar expectativas, siempre tan exactas, tan precisas, que solo si las consigues creerás que todo ha valido la pena.

Eso no es la esperanza.

La verdadera esperanza no tiene nada que ver con el futuro. Se trata más bien de la manera en la que te encuentras en el presente. La forma en la que relacionas, en el aquí y ahora, en este instante, con lo que hay; con el mundo que te rodea, las personas que hay en él, los vínculos que estableces, y cómo te relacionas, en última instancia, con las *posibilidades*. Lo inmediato, lo que está delante de ti, e incluso, por extraño que parezca, a la *incertidumbre* misma; aquello que simple y sencillamente no conoces, ni anticipas, entiendes o sabes que puede o no venir.

Es como si la vida y todo lo que hay en ella fuera un espacio, no muy diferente a un vaso transparente, vacío. Imagina qué pasaría si llenaras ese espacio, ese vaso, de puras cosas horribles. Imagina que por tristeza, enojo, porque tuviste una mala semana, un mal mes, empiezas a llenar ese contenedor de cosas feas como creencias, ideas, sentencias. Día a día, ese vaso vacío, lo llenas de lo más desagradable que tienes a tu disposición. ¿Qué pasará cuando te tengas que beber su contenido? (te lo aseguro: claro que te lo vas a beber). Imagínate la experiencia interna, mental, emocional, espiritual, de consumir constantemente mugre. Así se siente cuando vives sin esperanza; convencidos de que lo que viene habrá de ser malo... En principio porque ignoro mi destino, o mi experiencia me ha enseñado que no puedo creer que esto, lo que sea, es bueno. Así, en una forma preventiva, inconsciente, llenamos el espacio de toxicidad, hasta que terminas rodeado de ella.

La alternativa: llenar el vaso de puras cosas rosas y maravillosas; de todo el positivismo que haya disponible. Siguiendo la analogía, en teoría, cuando te lo tomes habrías de sentir pura energía, ¿no?, pura *buena vibra*. Sí, puede ser. Solo que es probable que todo eso, por lindo que parezca, esté basado en pura fantasía e imaginación; puro pensamiento mágico, infantil, pueril, poco informado y realista, destinado a colapsar bajo el peso de su irracionalidad. Cuánto bien hará a nuestro cuerpo estar todo el tiempo metiendo pura *onda*, pura *pila*... No hay dolor no hay pesar, «¡Yo puedo con todo!». Al final, sin duda descubrirías que el vaso estaba lleno de mentiras. Tan imprecisas, tan absurdas, como la fealdad de la que huiste antes.

Hay una tercera opción.

¿Qué pasaría si pudieras relacionarte con el vaso, con el espacio, *desde* el vacío?

Así, sin meterle nada. Abrir los ojos por la mañana, cada día, y tomarlo como es. Observarlo, con cierta curiosidad, con cierto deseo de ver qué te depara. «¿Qué hay para mí hoy?; ¿qué se requiere de mí hoy?; ¿cómo vas a sorprenderme hoy?», intentando entender que tal vez no eres *tú* quien tiene que llenarlo de cosas, sino que, a lo mejor, lo único que tienes que hacer es ver cómo contribuyen el mundo, tú, y las personas que te rodean, para irlo llenando de...

pues no sé de qué.

De *algo*.

Que podrá ser lo que quieres, lo que te gusta, lo que deseas, o no. Y eso no tiene nada de malo.

En mi experiencia personal, los pacientes que logran desarrollar esperanza en terapia no tienen usualmente una actitud optimista, ni piensan que sus metas o sus planes son especialmente relevantes para su bienestar actual. Por el contrario, han atravesado por un estado de desesperanza intenso en el que la resignación a sus expectativas concretas del futuro juega un rol importante para reentusiasmarse y revincularse con la vida.

Solo cuando el paciente logra abandonar la ilusión de control puede reformular su pensamiento y pasar de la expectativa concreta, basada en esperar lo que quiere y solo lo que quiere, a la *aceptación incondicional* de la realidad, dejando de enjuiciarla o criticarla, y mas bien tomándola como viene.

Para el psicoanalista Wilfred Bion, la realidad, la verdad, que existe más allá de nuestros pensamientos o creencias, representa una suerte de «incognoscible»; algo que no se puede conocer, saber o entender, puesto que es basto, enorme, inconmensurablemente más grande que nuestra capacidad mental para procesarlo, de modo que nuestra actitud al relacionarnos con todo ello no debería ser de control, pues eso es soberbia, o de aceptación y rechazo, sino de curiosidad y amor por el conocimiento, por el descubrimiento. La única posibilidad, pues, sería *estar-con* la vida, *ser-con* la vida. Si no puedes entenderla ni conocerla, entonces puedes vivirla; puedes estar con y en ella.

Ábrete a la posibilidad. Es enorme.

Poderte relacionar con el vacío, estar en el vacío, sin la necesidad de llenarlo; sin la necesidad de saturarlo de algo, porque puedes tolerar el vacío. Porque puedes tolerar tu falta de conocimiento, de certeza o de información. Porque puedes tolerar que no tienes que saberlo, controlarlo o entenderlo todo, y que de hecho —esto es más grande—, no necesitas el control o certidumbre para estar seguro y sentirte a salvo.

No. No los necesitas. Lo que necesitas es confiar. ¿En qué?

En que la esperanza no es el destino al que llegas. Es la actitud con la que abordas todo, absolutamente todo, lo que haces, lo que sientes, lo que piensas. La esperanza es la bondad con la que decides ver y sentir. Es la disposición a recibir lo que hay, sin queja ni protesta y, en cambio, con disposición.

«Esperanza significa estar listo, en todo momento, para aquello que aún no ha nacido, e incluso no desesperar si es que tal nacimiento no ocurriese jamás», dice Barbara Fredrickson. Es estar pendiente de las posibilidades con una actitud abierta e ingenua sobre el presente. Sin predecir el futuro, sino con la certeza de que el presente, con lo que sea que este ofrece, es suficientemente bueno.

Amplia el lenguaje, por favor. Aprende a usar más palabras, a tener un vocabulario más amplio. Empieza por ahí. Basta de usar solo dos categorías: bueno o malo. ¿Qué tal si empezaras a decir «no lo sé, no lo entiendo, puede ser, a lo mejor, me desagrada un poco, o no tanto»? ¿Qué tal si simplemente empezaras a graduar tu experiencia emocional? No solo quedarte con «me encanta» o «lo odio», sino con «me gusta, no me gusta tanto, me desagrada, es difícil», y así sucesivamente, hasta que vamos desarrollando más opciones, nuestra mente se vuelve más compleja, y dejamos de tener solo dos alternativas, limitadas y caprichosas.

En una concepción binaria del mundo solo hay dos posibilidades, todo o nada, bueno o malo, sí o no, buena o mala suerte, me conviene o no, me encanta o lo odio. Eso no puede ser, no tiene sentido. Si solo hay dos posibilidades, entonces la esperanza, parecería, estaría limitada a que las cosas salgan como quieres; de acuerdo al plan. Y créeme, es en la oscuridad justamente en donde más esperanza necesitas.

Se trata de tener un deseo amoroso, cariñoso, de querer descubrir, como un investigador, un poeta, un artista, un científico, ¿qué hay ahí? Desde la curiosidad, propulsada por el amor, por la intención de querer descubrir, emprender el viaje hacia una pregunta... ¿qué sigue?

Y tal vez no poder contestarlo jamás, sin por ello desilusionarte.

¿Será que necesitamos ser más abiertos, más dispuestos a estar en el vacío; más ingenuos, sin necesidad de pruebas, solo contando con la voluntad de creer; más valientes, para empujar cuando el dolor es peor; más humildes, para resignar los deseos y abrirse a nuevas posibilidades?

¿Será que no hace falta aferrarse a la convicción de que mañana será todo mejor, sino a la actitud mental, espiritual, en el aquí y ahora, que vive con alegría lo que hay, justo porque es lo que hay? «La esperanza no es pronóstico», dice Václav Havel. Es una orientación del espíritu, una orientación del corazón.

No es resultado. Es forma.

No la obtienes. La usas.

No es algo que posees. Es la manera en que vives.

Hagamos un contrato nuevo con el mundo y la vida, desde la esperanza. Un contrato nuevo en el que no solo quieres descubrir qué tiene la vida para ti. Uno, más bien, en el que responderás la pregunta ¿qué puedo hacer yo por la vida? Con ese nuevo contrato, podrás romper la pasividad, la parálisis, el miedo y el sinsentido.

Te tocó perder, así es. Más veces de las que parecen justas. Por eso entraste en el túnel. Por eso pasaste tanto tiempo ahí. Por eso leíste este libro. Por eso emprendiste este viaje.

Por eso empezaste a crear luz.

Y por eso deberás terminar este viaje con esperanza.

Querido lector, no sé qué te depara. No soy nadie para decirte, en medio de tu duelo, en medio de tu proceso de reconstrucción, que las cosas pasan por algo, que detrás de la pérdida hay ganancias, que deberías estar alegre. No soy nadie para intentar motivarte, justo ahora, con palabras lindas pero vacías, que habrían de molestarte más que agradarte. No soy nadie para impulsarte a crear, inventar, reformular, investigar. Cuando estás tan triste, tan cansado, se destruye tu capacidad o tus ganas para crear. ¿Quién tiene ganas de cocinar sano cuando está tan triste? ¿Quién tiene ganas de hacer ejercicio, levantarse temprano, armar un modelo a escala, de pensar en un negocio, de leer un libro? *¿Quién tiene ganas?*

Pero es que ese es el asunto.

Ese es *todo* el asunto.

Si no lo haces cuando estás triste, justo cuando estás tan triste, entonces ¿cuándo?

Es muy fácil volar cuando el aire es cálido; cuando la temperatura te ayuda a planear sin demasiado esfuerzo. Lo difícil es volar cuando el aire es frío; cuando tienes que aletear con todas tus fuerzas.

De ahí sacas fuerza. De la esperanza.

Levántate y haz lo tuyo.

Crea luz todos los días.

Saluda a los tuyos. Diles que los quieres. Come. Trabaja. Descansa. Duerme. Repite.

Pero hazlo con la mejor actitud posible.

Confiando, más que en un buen futuro, en un buen presente. Porque el presente construye el futuro, y eso es lo único que debería preocuparte. El futuro llega.

* * *

Rebeca acaba de leer algunas partes de este capítulo. Se las mandé por mensaje. Esta es su respuesta:

—Me falta mucho, pero siento que ahora sé lo que quiero. Que si estoy aquí después de todo lo que pasó no me queda más que disfrutar y aprender del viaje. ¿Sabes?, ayer me preguntaban que qué creía que era el agradecimiento… Y justo creo que eso es de lo que vivo ahora, de agradecimiento. Es la forma más alta de consciencia que he experimentado: aceptar lo bueno y lo malo, lo simple y lo extraordinario y vivirlo.

¿Estás listo para vivir de esa forma? ¿Con ese nivel de gratitud, a pesar de todo y gracias a todo?

El problema humano es y siempre ha sido la elección.

Lo que elijas, a partir de este punto, te toca a ti.

La Salida del Túnel

Estás de pie. Tienes la mente clara y estás inspirado. Frente a ti, hay un terreno inmenso, inexplorado, y no sientes miedo. Por primera vez en mucho tiempo tienes ganas de aventurarte en lo desconocido. La oscuridad quedó atrás. Estando ahí, fortalecido, recuerdas algo que te enseñaron alguna vez, hace lo que parece mucho, muchísimo tiempo.

Las mejores historias, al menos las que más nos gusta leer, cuentan una misma mitología, repetida, parafraseada y adaptada en decenas de formas diferentes, pero a menudo siguiendo una secuencia común:

Un individuo normal y corriente, cuya vida no supone distinción de la de cualquier otro, un buen día recibe un llamamiento. Puede ser en la voz de un ser extraño, o a través de un suceso repentino, como un accidente, un reto o una sorpresa. Si esa persona decide acudir a la llamada —debería hacerlo—, habrá de salir del mundo ordinario, este en el que vivimos nosotros, para adentrarse en el mundo extraordinario, lleno de misterios, enigmas y peligros. Allí, pronto encontrará a su maestro, a su guía; tal vez un mago, un sabio o un niño enigmático, visionario, y a su lado tendrá que aprender a entender el misterio, a conocer la técnica y a entrenar cuerpo y mente para por fin, cuando sea imposible evitarlo, ser arrastrado a la aventura. Se le pondrá a prueba... vendrán ejércitos, entes, espíritus, tentadores, némesis, tratando de acabar con él. Se reconciliará con su padre, con su madre, con sus temores, con su niñez, con sus conflictos, hasta que el oponente final sea revelado: un dragón, inmenso como la montaña más alta, o un demonio, invencible, portentoso, con miles de cabezas y fuego en los ojos. El oponente tal vez logre dar muerte al personaje, en cuyo caso revivirá, transformado, renovado, con el conocimiento necesario para dar fin al destructor de mundos. Ahí, tras la victoria final, en el cuerpo monstruoso, encontrará el premio, la recompensa, con la que saldrá del mundo extraordinario para regresar al suyo, al ordinario, al lado de todos nosotros, para entregarnos su premio, una sabiduría restauradora, conciliatoria, y ser de una vez por todas erigido como héroe.

* * *

¿Qué elegiste unas páginas atrás? ¿A la salida del túnel?

¿Elegiste esperanza?

¿Elegiste confiar? A pesar del miedo, a pesar del dolor...

¿Elegiste seguir?

Entonces elegiste seguir la llamada.

Lo que te espera, querido lector, es el mundo *extraordinario*.

¿Qué te depara?

Aventura, cuando menos. Descubrimiento y autodescubrimiento. Pero, sobre todo, un buen combate.

Lo que elegiste, en este camino de virtud, de integridad y transformación, no es fácil. No debería serlo. ¿Tienes curiosidad? Me gustaría que respondieras que sí.

Nunca, nunca te rindas.

Eso es más que una convicción. Debería ser una promesa, de ti para ti mismo.

Porque ¿sabes? A las buenas personas también les pasan cosas buenas. Ahora que esta parte del viaje llega a su fin, y que ambos tendremos que despedirnos, lo único que puedo desearte es que mantengas los ojos abiertos, pongas atención, desarrolles tu conciencia, uses tus recursos, tus habilidades, todo lo que has aprendido hasta aquí, y empieces a dejarte sorprender por la belleza del mundo.

No sé cuánto tiempo dura la batalla. Diablos. No sé si se acaba alguna vez. Por eso debes agradecer la vida que tienes y la posibilidad de luchar.

Esto apenas empieza. Salir del túnel era solo el principio de una aventura mucho, muchísimo más grande y compleja.

No te acompañé hasta aquí para decirte cómo termina la historia. Vine hasta aquí para decirte cómo empieza.

Así que sonríe, si puedes. Suspira, si debes. Cierra los ojos, si quieres.

Y da el siguiente paso. Ese que te llevará de aquí hasta tan lejos como tú quieras.

Haz tu elección.

Deja la oscuridad atrás.

Claro que a las buenas personas también les pasan cosas buenas. Tú eres la prueba de ello. Tú le pasaste al mundo, y el mundo te pasó a ti.

Ahora haz algo bueno con ello.

Outro:

El corazón de la resiliencia

Ahora, al final del viaje, mirando fijamente la pantalla, me doy cuenta de que ya no me queda mucho qué decir, y que de hecho, como al término de una buena sesión de psicoanálisis, conviene quedarse callado, aunque aún falte un poco de tiempo, para que el paciente pueda sentir, sopesar y digerir todo lo que se ha dicho y descubierto. Sin embargo, puesto que este básicamente ha sido un libro sobre resiliencia (encubierto, eso sí, porque solo hasta ahora me he atrevido a llamarlo así), creo que no puedo irme antes de dedicar a esto unas palabras. No serán muchas, eso sí.

La definición más común de resiliencia la describe como la capacidad de un ser vivo, en este caso de un ser humano, para resistir la adversidad, sobreponerse a periodos de dolor emocional, y mantenerse en actitud de lucha, con marcadas dosis de perseverancia, tenacidad, actitud positiva y acciones concretas que permitan avanzar contra la corriente y superarlas. Como un *set* de habilidades que nos permiten persistir frente a los retos y rebotar frente al peligro.

En realidad se trata más de un proceso y no de un rasgo individual o de una característica de la personalidad. Cuando hablamos de resiliencia no nos referimos a una fortaleza sola, concreta, aislada y particular, sino más bien a un grupo de fortalezas, agrupadas en torno a la puja de resistir y prosperar, y coordinadas en un esfuerzo conjunto para llevarnos más allá de la adaptación, hasta un nuevo bienestar.

Lo que es un hecho definitivo es que no se puede practicar o desarrollar resiliencia, sin el suceso de una desgracia o una crisis. Si nuestro cuerpo no tiene contra qué defenderse, constreñido por límites que romper, o ante tiranos que protestar, entonces tampoco existe ninguna necesidad de crecer. El conflicto templa nuestro espíritu, nuestra voluntad; nos muestra de qué estamos hechos y contra cuánto podemos luchar.

Boris Cyrulnik, el psicólogo francés, superviviente de la Segunda Guerra Mundial, hoy por hoy es probablemente uno de los exponentes fundamentales de la resiliencia. Pensando en la despedida para este libro, he recordado de pronto algo que aparece en uno de los suyos:

> Durante mucho tiempo me he estado preguntando contra qué podía rebelarse un ángel, teniendo en cuenta que en el Paraíso todo es perfecto. Hasta que un día comprendí que se rebelaba contra la perfección. El orden irreprochable provocaba en él un sentimiento de no-vida. La justicia absoluta, al suprimir los aguijones de la indignación, embotaba su alma. La orgía de pureza le repugnaba tanto como una mancha. De modo que era necesario que el ángel cayera para realzar el orden y la pureza de los habitantes del Paraíso.

La perfección. Esa ilusión hermosa pero en el fondo, estéril.

Creo que todos deberíamos rebelarnos contra ella. No nos hace ninguna falta.

Amor. Eso sí… Ese sí nos hace mucho.

Ha sido un largo año, y es imposible no prever cuan tan largo será el que sigue. Además del aislamiento, de extrañar a mi familia, a mis mejores amigos, a mis pacientes —que como ya les he dicho, ahora atiendo exclusivamente de manera virtual—, de la imposibilidad de salir a la calle de manera alegremente segura, de la negativa de viajar sin arriesgar la salud, me ha tocado perder, como a todos. Hace un mes, casi exactamente, uno de nuestros perros, *Koko*, murió a causa de un síndrome extraño que la iba dejando paralítica de manera irremediable. Después, hace apenas cuatro días desde que estoy escribiendo estas últimas líneas, su papá, *Nico*, a quien les presenté en el capítulo 13 como ejemplo de desapego, se fue entre mis manos, a causa de un fallo repentino y fulminante de su corazón.

Para mí, un declarado amante de los perros, pero sobre todo un enamorado de mi familia perruna, fue un golpe devastador.

Y, sin embargo, también, significa un extraño privilegio que, paradójicamente, provoca calor en mi corazón.

A ambos los vi crecer desde cachorros. Ambos me permitieron acompañarlos desde el principio hasta el final de sus vidas. Al partir, me dieron la oportunidad de aprender una de las lecciones más importantes de mi vida:

> Desapego no significa dejar de amar. Significa, más bien, amar con todas tus fuerzas, para que cuando acabe, puedas dejarlo ir en paz.

No tengo miedo al futuro. Nunca lo he tenido.

Prefiero vivir, amar, y ser amado, que languidecer, en una fantasía de seguridad, solo, recluido, sin arriesgar mi corazón y mi alma. Prefiero llorar, si es necesario, por haber soñado y perder, que mantener secos mis ojos, pero apagados.

Prefiero jugarme la vida en un gambito audaz, que dejar pasar la oportunidad.

¿Qué sentido tiene aferrarse a rocas que están cayendo junto
contigo?

Esto realmente empieza cuando te das cuenta de que todo se
acaba. Así debería ser.

Cuando logras desilusionarte y entras en duelo; porque entiendes que no vas a estar satisfecho jamás, que nunca va a ser tan bueno como quieres. Cuando, con la desilusión, te vuelves capaz de
romper el impulso que te lleva a buscar más, así que puedes observar a tu alrededor y ver lo que hay: tu pareja, tus hijos, tu perro, tus
manos, con todas sus incontables arrugas, el agua que te estás bebiendo. De una vez por todas puedes mirar a tu alrededor y hacer
un ejercicio de conciencia, atención, presencia.

Conciencia, atención, presencia.

Sorprenderte.

Gracias a la capacidad de sorpresa existe la esperanza —que es
casi el final de nuestro viaje—. Gracias a ese «¡Oh! ¡Eso es!», existe
la esperanza. La sencillez de creer que lo que tienes delante de ti es
bastante bueno por sí mismo; de amarlo con todo tu ser, para que
tenga un lugar ahí, dentro de ti.

Aprende a relacionarte con los objetos de manera diferente.
Pocas cosas suponen un peligro para tu vida; para tu comodidad
en cambio, prácticamente todo. Dejar ir es profundamente incómodo, lo sé, pero no se puede viajar ligero si no se deja ir, si no
nos permitimos soltar. Examina si esos objetos aportan algo a tu
vida, de modo que cuando conectes con ellos te des cuenta si te
traen sentido y significado, si tienen que ver con tus valores y tu
propósito como ser humano, porque sino lo que están haciendo,
escúchame bien, lo que en realidad hacen es robarte espacio vital.
Pongámonos serios: todo lo que acumulas en realidad está matándote poco a poco. Te está robando atención, te está robando vida,

No. No tengo miedo al futuro.

Coronavirus o no. Crisis económica o no. Gobiernos fracasados o no. Muerte o no.

Tengo amor. El que doy y el que recibo. Con eso me basta. Con eso es suficiente.

La luz la hago yo, día a día. ¿Por qué tendría que tener miedo? ¿Porque si amo y lucho algunos días me tocará perder? Qué más da. Si amo y lucho también me tocará ganar.

Y a ti también.

¡Ha sido un viaje sensacional, querido lector!

Hasta la próxima.

CIUDAD SATÉLITE,

DICIEMBRE DE 2020

Ecosistema digital

Floqq
Complementa tu lectura con un curso o webinar y sigue aprendiendo.
Floqq.com

Amabook
Accede a la compra de todas nuestras novedades en diferentes formatos: papel, digital, audiolibro y/o suscripción.
www.amabook.com

Redes sociales
Sigue toda nuestra actividad. Facebook, Twitter, YouTube, Instagram.

EDICIONES URANO